Empresário industrial e desenvolvimento econômico no Brasil

Fernando Henrique Cardoso

Empresário industrial e desenvolvimento econômico no Brasil

1ª edição

CIVILIZAÇÃO BRASILEIRA

Rio de Janeiro
2020

© Fernando Henrique Cardoso, 2020

CIP-BRASIL. CATALOGAÇÃO NA PUBLICAÇÃO
SINDICATO NACIONAL DOS EDITORES DE LIVROS, RJ

C262e

Cardoso, Fernando Henrique, 1931-
Empresário industrial e desenvolvimento econômico no Brasil / Fernando Henrique Cardoso. – 1ª ed. – Rio de Janeiro: Civilização Brasileira, 2020.

ISBN 978-85-200-1116-4

1. Empresas – Brasil. 2. Empresários - Brasil. 3. Política industrial – Brasil. 4. Mercado financeiro – Brasil. I. Título.

19-58644

CDD: 338.0981
CDU: 338(81)

Meri Gleice Rodrigues de Souza – Bibliotecária – CRB-7/6439

Todos os direitos reservados. É proibido reproduzir, armazenar ou transmitir partes deste livro, através de quaisquer meios, sem prévia autorização por escrito.

Texto revisado segundo o novo Acordo Ortográfico
da Língua Portuguesa.

Direitos desta edição adquiridos pela
EDITORA CIVILIZAÇÃO BRASILEIRA
Um selo da EDITORA JOSÉ OLYMPIO LTDA.
Rua Argentina, 171 – Rio de Janeiro, RJ – 20921-380 – Tel.: (21) 2585-2000

Seja um leitor preferencial Record.
Cadastre-se no site www.record.com.br
e receba informações sobre nossos
lançamentos e nossas promoções.

Atendimento e venda direta ao leitor:
sac@record.com.br

Impresso no Brasil
2020

A meus pais

Sumário

PREFÁCIO À EDIÇÃO DE 2020: HÁ 56 ANOS, POR FERNANDO HENRIQUE CARDOSO   09
PREFÁCIO À EDIÇÃO DE 1964, POR FLORESTAN FERNANDES   19
NOTA INTRODUTÓRIA   21

PARTE I

1. Empreendedores, capitalismo e sociedades industriais   31

    As "organizações econômicas" modernas e a sociedade capitalista   33
        O empreendedor na economia capitalista clássica   37
        O empreendedor na época das grandes sociedades anônimas   42
        Os empreendedores no capitalismo contemporâneo   54
        Os empreendedores numa economia subdesenvolvida   60

2. Desenvolvimento econômico e camada empresarial   69

    Análises do desenvolvimento   72
        A industrialização por etapas   72
        Industrialização como sistema   78
        Modelos e história   83
        Estrutura e estratégia   90
    Política nacional e desenvolvimento econômico do Brasil   97
        Crescimento espontâneo e burguesia nacional   97
    Emancipação nacional e desenvolvimentismo   105

PARTE II

3. A direção das empresas industriais — 125

   A direção das empresas familiares — 134
   Capital e empreendimento: a direção das sociedades anônimas — 141
   Administradores profissionais na direção das empresas — 150

4. Tradicionalismo e renovação: a mentalidade dos empreendedores — 161

   Produção e concorrência — 165
   Os capitães de indústria — 172
   Os homens de empresa — 178

5. Política e ideologia: a burguesia industrial — 201

   Formação da burguesia e ideologia tradicional — 203
   O desenvolvimento econômico e a nova ideologia — 210
   Política e sociedade — 220

CONCLUSÃO — 227
REFERÊNCIAS BIBLIOGRÁFICAS — 235

Prefácio à edição de 2020

Há 56 anos

Fernando Henrique Cardoso

Há 56 anos escrevi este livro sobre os empresários industriais. Nele, como no livro anterior, *Capitalismo e escravidão no Brasil meridional*, estão as sementes do que veio a ser o texto escrito em colaboração com Enzo Faletto, *Dependência e desenvolvimento na América Latina*. Este último, publicado primeiro em espanhol em 1968, foi traduzido para mais de 25 idiomas e até hoje está na bibliografia de quem se ocupa do tema. Tanto o livro sobre a escravidão como o sobre os empresários foram apresentados como teses, respectivamente, de doutoramento e de livre-docência na cadeira de sociologia da Universidade de São Paulo. Eles expõem os alicerces de minha formação sociológica. Da década de 1970 em diante, preocupei-me mais com os temas políticos, sem jamais haver-me esquecido, contudo, de analisar os processos históricos da perspectiva histórico-estrutural, na qual fui adestrado. Refiro-me, portanto, a livros que escrevi entre os vinte e tantos e os trinta e poucos anos de idade.

Para a presente edição de *Empresário industrial e desenvolvimento econômico no Brasil*, reli o texto original publicado pela Difusão Europeia do Livro, a Difel, editora então dirigida pelo saudoso Paul Monteil. Não o relia há décadas. Confesso, com alguma vaidade, que nada mudei no texto, não só porque acho que livros são documentos datados, mas porque continuo a crer tanto no modo como lidei com a questão quanto no conteúdo da análise.

Do que trata o livro? Da formação do "espírito empresarial" e de sua contribuição para o desenvolvimento econômico do país. O leitor informado perceberá a influência em mim de autores como Max Weber, Sombart e Schumpeter. E por trás, como deles também, a sombra poderosa de Marx. Em *Capitalismo e escravidão no Brasil meridional*, assim como menos claramente no livro anterior, *Cor e mobilidade social em Florianópolis*,[1] a influência marxista foi fruto de longa e intensa leitura que jovens professores fizéramos entre 1958 e 1964 da obra máxima de Marx, *O capital*, e dos vários volumes da *História crítica da mais-valia*. Na época eu era assistente de Florestan Fernandes, que também nos inspirava. A leitura de Marx veio depois de havermos conhecido, desde os bancos escolares da USP, *Economia e sociedade*, de Max Weber, sua *História geral da economia*, boa parte da obra de Émile Durkheim e de Karl Mannheim (deste, sobretudo *Ideologia e utopia*, *Liberdade, poder e planificação democrática* e *Diagnóstico de nosso tempo*), bem como dos funcionalistas americanos, principalmente Robert Merton e Talcott Parsons. O manual básico de sociologia que usávamos fora escrito por Hans Freyer e o conhecimento inicial da sociologia alemã adviera do livrinho de Raymond Aron, *La Sociologie allemande contemporaine*.

Houve, portanto, certo ecletismo em minha formação. Roger Bastide, que nos ensinava sociologia e de quem fui assistente, publicou na França uma resenha de *Capitalismo e escravidão no Brasil meridional* na qual dizia que tal texto jamais seria escrito por um sociólogo europeu, pois este estava sujeito à tirania das "escolas" (e das ideologias, acrescento), enquanto no Brasil não (das ideologias talvez sim). Eu lidava ao mesmo tempo com Weber e Marx e isso não causava espanto. Salvo em alguns apoiadores simplistas do "golpe de 64" que me tinham por "comunista", graças a cujas acusações me exilei no Chile e, mais tarde, em 1969, depois de haver obtido a cátedra de Ciência Política na USP, fui compulsoriamente aposentado pelo AI-5.

A utilização de ferramentas conceituais advindas de autores diversos era recomendada por Florestan Fernandes, com quem muito aprendi. Na época ele escrevia sobre a escola funcionalista e aceitava o uso de tal método, a depender do objeto que estivesse sendo analisado. Nos *Fundamentos empíricos da explicação sociológica*, Florestan mostra como as abordagens teóricas escolhidas dependem dos processos sob análise. O método poderia ser marxista, weberiano ou funcionalista. Bons tempos nos quais o primado da razão punha em seu devido lugar as paixões ideológicas.

No início dos anos 1960, florescia a "escola paulista" de sociologia, com Florestan à frente, mas sem desprezar o quanto fizeram Fernando Azevedo em seu pioneirismo durkheimiano e, sobretudo, os professores franceses (não apenas Roger Bastide, mas também, além de seu homônimo e antecessor Paul Arbousse Bastide, Charles Morazé, Pierre Monbeig e, nas gerações anteriores à minha, Braudel e Lévi-Strauss). O sonho de Florestan na época era fazer uma série de pesquisas urbanas, à maneira dos sociólogos norte-americanos de Chicago. Não houve financiamento. Na primeira oportunidade – a Unesco propôs um estudo sobre preconceito e discriminação racial –, Florestan aproveitou o embalo para, junto com Roger Bastide, dirigir as pesquisas sobre os negros em São Paulo e sobre a evolução econômico-social da própria cidade. A estas se seguiram os trabalhos que Octavio Ianni, Renato Jardim Moreira e eu fizemos sobre os negros e a sociedade escravocrata no Paraná, em Santa Catarina e no Rio Grande do Sul.

Na década de 1960 consegui algum financiamento da Confederação Nacional da Indústria, por intermédio de meu saudoso amigo Fernando Gasparian, e criamos na cadeira de Sociologia I o Centro de Sociologia Industrial e do Trabalho (Cesit) que eu dirigi. Nesta mesma época, Alain Touraine ministrou um curso sobre sociologia do trabalho que nos abriu horizontes. Florestan Fernandes desenhou o programa de pesquisas do Cesit e os doutorados de sua cátedra. A Ianni coube estudar o Estado, a Marialice Marcondes Foracchi o papel dos jovens e da mídia na formação da "cultura de massas", e a Maria Sylvia de Carvalho Franco coube a revisão do papel dos "homens livres" e pobres na sociedade escravocrata. A mim, os empresários.

Por que estudar os empresários ou o papel do Estado? Porque queríamos entender o desenvolvimento econômico e ver em que condições ele se poderia dar no Brasil. Quem daria o "primeiro arranque", Estado ou empresários? Qual seria o papel da "burguesia"? Portanto, minha preocupação não se limitava ao estudo dos empresários; abrangia também a formação da sociedade industrial, talvez "de massas". O Brasil estava em ebulição político-social, depois das migrações rural-urbanas posteriores à Segunda Guerra Mundial. O "nacional-desenvolvimentismo" da época apostava mais na ação do Estado do que no crescimento econômico impulsionado pelo setor privado, embora não se opusesse a ele. Temia, contudo, o investimento estrangeiro. A pesquisa sobre os empresários foi conduzida em momento significativo: 1963. A ebulição antissindicalista e a visão do presidente João Goulart como uma espécie de representante do peronismo no Brasil encandeciam as mentes de muitos, inclusive de boa parte dos empresários. Em contraposição à "esquerda", com o Partido Comunista à frente, e parte da intelectualidade (sob influência tanto do "Partidão", o PCB, como de instituições mais independentes, mas não menos nacional-desenvolvimentistas, como o Instituto Superior de Estudos Brasileiros, o Iseb), formulava-se a receita para o desenvolvimento econômico e o progresso social do Brasil: ela consistia na aliança entre o empresariado e o "povo", com a classe operária à frente. O "inimigo" seria representado pelo imperialismo (sobretudo norte-americano) e pelos latifundiários, que se oporiam ao progresso, em particular à reforma agrária. De igual modo o investimento estrangeiro era percebido como um instrumento de dominação que, na prática, tanto inibiria a formação da "indústria nacional" como o desenvolvimento social. Eram estas as visões que se contrapunham.

Na primeira parte do livro faço um balanço da visão de alguns teóricos da época sobre a sociedade capitalista industrial. Não faltava quem visse no avanço das sociedades anônimas e na perda de influência das famílias proprietárias o advento de um novo segmento dominante: os "gerentes", os *managers*. Falava-se mesmo de uma "sociedade industrial" que se distanciava da sociedade capitalista. É a este tipo de análise – que isola um fator particular do contexto no qual emerge, sendo que este último comanda as transformações do "todo" – que eu chamava de "abstrata". Seriam análises indefinidas e incompletas porque não determinam a "estrutura" – no caso o sistema capitalista de produção – na qual se inseriam os fatores econômicos e os agentes sociais. Sem a análise das estruturas condicionantes não se explica o porquê destes fatores e agentes nem sua transformação.

Em contraposição dever-se-ia fazer uma análise histórico-estrutural que não separasse a ação dos atores (empresários, tecnoburocracia, setores das classes médias, como, por exemplo, os militares) dos momentos (ou "etapas") de formação do capitalismo. Consequentemente a análise dos empreendedores, tanto de seu "espírito" (de sua mentalidade) como de sua classe social (a burguesia), deveria ser ligada às condições históricas da acumulação de capitais. A expansão desta acumulação, por sua vez, teria sua lógica condicionada historicamente. Portanto, os "agentes sociais", no caso os empresários, operam em "condições dadas", que também foram constituídas graças à ação transformadora dos homens, não só dos empresários como de pessoas de outras categorias sociais, de diversos agentes sociais.

Daí que o livro distinga o papel dos empreendedores na época da formação do capitalismo de seu papel na época das grandes "sociedades anônimas", bem como mostre que os empresários das sociedades subdesenvolvidas se distinguem, como mentalidade e em sua ação, dos que operaram no período inicial da formação do capitalismo e dos que se inserem no capitalismo desenvolvido. O livro mostra também que os chamados "produtores tradicionais" atuam diferentemente dos inovadores. O crescimento econômico não é visto como consequência automática da "acumulação" (o que também significaria uma análise "abstrata"), pois ele decorre da ação de sujeitos históricos, os empreendedores. Ou seja, são pessoas com características específicas (cujos atributos lhes garantem vantagens ou não, dependendo de como atuem em cada momento histórico), portadoras de objetivos (projetos) e modos particulares de atuação.

Nem a mentalidade empresarial existe como elemento social ativo só porque alguém a possui, nem é uma abstração que decorre da necessidade de um "sistema": há uma relação entre as condições de possibilidade e sua efetivação no comportamento de pessoas. Estas, em conjunto, podem atuar "como classe"; possibilidade esta que, por sua vez, não está "dada", pois depende da consciência (da ideologia) que promove a ação transformadora de sujeitos concretos, que não são apenas pessoas, mas atores sociais.

Nos dois primeiros capítulos mostro que a distinção entre os empreendedores não corresponde a uma "tipologia", mas à análise de sua ação diante das situações com que se defrontam, especialmente na situação de subdesenvolvimento. No capítulo subsequente retomo os dados da pesquisa e procuro mostrar a transformação do "espírito empresarial" ocorrida nas empresas familiares (que podem deixar de ser formadas por "dirigentes tradicionais" para se "modernizarem" ao enfrentar as necessidades e oportunidades de cada momento), nas sociedades anônimas e nos momentos em que a burocratização das empresas passa a requerer "administradores profissionais". Era de notar que as empresas multinacionais, que se expandiram principalmente a partir do governo de Juscelino Kubitschek, já eram geridas por "profissionais".

No quarto capítulo trato de tradicionalismo e renovação; mostro que as condições de concorrência e a expansão do mercado interno levaram a uma mudança de escala que exigia a reformulação tecnológica das empresas. Faço a distinção entre "capitães de indústria" e "homens de empresa", mas mostro que não se trata de atributos formais ou de meras distinções taxonômicas. Dependendo das circunstâncias políticas e socioeconômicas, o que poderia aparecer como "atraso" ou "tradicionalismo" pode ser também condição de sobrevivência empresarial. Logo, também a distinção entre "atraso" e "modernidade" é uma simplificação, quando não relacionada com o contexto histórico.

No último capítulo discuto mais detidamente a questão da "ideologia da burguesia nacional", opondo-me à visão predominante na época. Os dados coligidos mostravam que alguns capitais pertencentes a famílias produtoras agrícolas se deslocaram para a produção urbano-industrial; assim como houve associação crescente entre empresários locais com empresas de capital estrangeiro. Os dados eram elucidativos: nem havia apoio dos empresários nacionais à reforma agrária "populista" nem oposição ao capital estrangeiro, a não ser no caso excepcional de uns poucos "industriais nacionalistas". A análise contrastava, portanto, com a percepção dominante no meio político, que via na aliança entre povo e industriais a mola para o desenvolvimento econômico, opondo-se aos "latifundiários" e ao capital externo. O livro mostra as vacilações e ambiguidades da percepção dos empresários industriais da época, sem classificá-las como "mera ideologia". Ao contrário, elas refletiam situações variáveis e modos distintos de enxergar o processo de desenvolvimento do país. A parte final do livro traz uma visão mais complexa da sociedade brasileira, evitando oposições binárias. Ressalta o papel das classes médias e populares no "impulso" para o desenvolvimento, como já mostrado nos capítulos iniciais. Ele poderia vir "de fora" do setor econômico: da intelectualidade e dos segmentos militares, que em certos momentos históricos impulsionaram o crescimento do país. Daí que fosse importante determinar o papel dos empresários industriais e caracterizá-lo de modo adequado, sem negar-lhe importância, e, tampouco, sem limitar sua função à defesa de seus interesses. Havia, portanto, que deixar de olhá-los só pelo prisma de sua falsa ou verdadeira percepção dos problemas nacionais. Antevia-se que não bastava transformar o "capitão de indústria" em "dirigente de empresas": começava a ser necessário que os empresários, como categoria social (como classe), se ocupassem da formação da nação. Ou seja, que se "politizassem". Se não o fizessem e não vissem o "interesse social" estariam "condenados" ao subdesenvolvimento e sujeitos ao dilema crucial: subdesenvolvimento ou socialismo.

É inegável que a última disjuntiva era ideológica. Ou seja: colocava minhas próprias aspirações como ideais e condenava quem as rejeitasse ao... atraso. Nem foi a opção escolhida pela burguesia industrial, nem ela ficou acorrentada ao não desenvolvimento. Volto a dizer: tratava-se do ano de 1963, antevésperas do golpe militar de 1964 e das transformações econômicas trazidas por ele, muitas das quais em benefício e com o apoio dos setores industriais.

Hoje a situação é outra: as condições gerais prevalecentes se definem pela "globalização". O desafio dos "homens de empresa" que deram a volta por cima é diferente: os empresários, se aspirarem a ser grandes, não devem restringir suas ações ao mercado interno, pois a expansão produtiva requer tanto importação como exportação, sob o risco de deixar fora do jogo os que não entenderem o processo produtivo global.

A mentalidade empresarial contemporânea requer obviamente a administração profissionalizada, sem que ela obscureça, contudo, o papel inovador dos empresários. Estes precisam ter, além da visão de país e da expansão do mercado interno, visão de mundo. Precisam sentir a ânsia de conquistar mercados internos e externos. E não se podem esquecer de que o mercado é parte da sociedade. Sem que a maioria da população se sinta cômoda e participe do bem-estar geral, mesmo que os empresários formem parte das camadas dominantes, flutuarão em um colchão desligado do resto e, portanto, se tornarão alvo mais fácil a ser perfurado. Sem estabilidade nacional e mesmo internacional, sem que o sistema produtivo crie empregos, de que valerão os lucros, que amanhã podem evaporar diante da ira dos insatisfeitos?

Tal qual a velha esfinge, a globalização desafia o mundo das grandes empresas com seu enigma: decifrem-me ou serão devorados.

NOTA

1. Publicado em 1960, na Coleção Brasiliana da Editora Nacional, e dedicado a Roger Bastide e a Antonio Candido.

Prefácio à edição de 1964

Florestan Fernandes

Fernando Henrique Cardoso já é uma figura bem conhecida entre os cientistas sociais. Através de variada e sólida produção científica, trouxe para a investigação sociológica no Brasil as luzes de um talento invulgar, criador e sensível aos grandes dilemas humanos de nossa época. Em três setores, especialmente, a sua contribuição produziu resultados inovadores de longo alcance: no estudo e no debate dos problemas educacionais brasileiros; na análise das relações sociais no Brasil meridional; e na investigação da influência dos fatores sociais na formação e na evolução da economia brasileira. Nesta área, principalmente, suas descobertas histórico-sociológicas e suas monografias no campo da sociologia industrial marcam-no como um autêntico pioneiro, que está desbravando novos rumos à pesquisa sociológica.

Empresário industrial e desenvolvimento econômico no Brasil constitui um dos melhores frutos desse fecundo labor intelectual. É uma obra que tem profunda significação teórica, porque nela são examinadas, criticadas e reelaboradas, com notável vigor e originalidade, as teorias construídas por historiadores, economistas e sociólogos para explicar o desenvolvimento econômico como processo histórico-social. Por isso, ela traz consigo um novo estado de espírito na compreensão, na abordagem e na interpretação desse fenômeno, comprovando que, de fato, só os cientistas sociais dos "países subdesenvolvidos" possuem condições para resolver problemas metodológicos ou teóricos mal formulados pelos autores clássicos.

É do ângulo do leitor brasileiro, no entanto, que esta obra ganha todo o seu relevo. Ela não só traça os efeitos e as tendências dos recentes surtos industriais, que modificaram a estrutura econômica do país. Ela estabelece uma tipologia empírica das empresas industriais brasileiras e caracteriza a organização e os conteúdos do horizonte cultural dos tipos de empresários que as dirigem. Assim, são abordadas, sociologicamente, as questões cruciais para o conhecimento e a transformação da realidade. O empresário de uma *nação subdesenvolvida*, empenhada em acelerar e em diferenciar seu crescimento econômico, precisa ter uma visão própria do processo econômico e dos meios de intervenção que permitem orientá-la socialmente em determinadas direções. Esse é, presumivelmente, o aspecto mais provocativo e construtivo da obra. Ela desemboca, corajosa e lucidamente, em nosso dilema fundamental: até que ponto o empresário industrial brasileiro entendeu suas tarefas históricas e se mostra apto para realizar uma política econômica que atenda, simultaneamente, aos interesses do capital e às necessidades da nação? Fala-se muito em autonomia dos "centros de decisão" em nossa vida econômica moderna. Contudo, são investigações como esta que nos ensinam o que se passa, efetivamente, e nos aconselham a uma prudente moderação nos vaticínios sobre o que nos aguarda, se não ajustarmos, rapidamente, o estilo de ação e de pensamento econômico imperante a uma economia de escala.

Isso quer dizer que as conclusões de Fernando Henrique Cardoso levam-nos a um impasse? Ao contrário, insinuam como poderíamos sair dele! Ao descrever e explicar o que ocorre, ele evidencia as alternativas e as exigências da atual conjuntura socioeconômica. Não devemos nos iludir. Em seus extremos, as opções de sentido histórico colocam-se entre a iniciativa privada e a planificação centralizada. Como os empresários industriais brasileiros aproveitam as alternativas existentes e respondem às exigências da situação? Estarão eles construindo as bases de um autêntico desenvolvimento econômico e de uma economia capitalista equilibrada, ou perdendo as oportunidades históricas e provocando, por conseguinte, a necessidade de outras influências diretoras? Eis aí aonde leva a práxis deste belo livro, que projeta as explicações sociológicas no âmago de nossa capacidade de perceber o presente e de delinear o futuro do Brasil na era da civilização industrial.

Nota introdutória

O trabalho que ora se publica sob a forma de livro foi apresentado em novembro de 1963 como tese de livre-docência de Sociologia junto à Faculdade de Filosofia, Ciências e Letras da Universidade de São Paulo. Reúne o resultado parcial de pesquisas que realizei ou orientei entre julho de 1961 e outubro de 1962 e de reflexões a que me tenho dedicado há já alguns anos, no campo da análise sociológica da industrialização e do desenvolvimento econômico. O problema central discutido no livro – a participação dos empreendedores industriais no desenvolvimento econômico do Brasil – é novo na literatura sociológica brasileira. Apenas começam a surgir estudos concretos sobre a formação da sociedade industrial, e, quase sempre, devem-se à literatura econômica as contribuições pioneiras. A cadeira de Sociologia I e o Centro de Sociologia Industrial e do Trabalho (Cesit) da Faculdade de Filosofia, Ciências e Letras da USP, que atualmente dirijo, programaram uma série de investigações[1] com a finalidade de suprir esta lacuna. O presente estudo sobre os empreendedores é o primeiro destes trabalhos que chega a termo. Em breve seguir-se-ão outros onde a "sociedade industrial" que se forma no Brasil aparecerá na multiplicidade de seus aspectos: o Estado e o desenvolvimento econômico, a mobilização do operariado, as disparidades regionais do desenvolvimento, a estrutura da indústria paulista, os problemas de qualificação da mão de obra são os temas a que se dedicam os companheiros de trabalho intelectual da cadeira de Sociologia I e do Cesit.

Para a presente versão do estudo sobre os empreendedores, utilizei dados coligidos num levantamento especial feito através de entrevistas com industriais de São Paulo, Belo Horizonte, Blumenau, Recife e Salvador e, subsidiariamente, lancei mão de informações coligidas num *survey* realizado pelo Cesit sobre algumas características das empresas da Grande São Paulo, isto é, da área compreendida por essa metrópole e pelas cidades contíguas de Santo André, São Caetano e São Bernardo. No *survey* foram aplicados questionários a uma amostra de 288 empresas selecionadas em três estratos correspondentes a três categorias de fábricas, conforme o número de empregados. As fábricas foram ordenadas segundo o ramo de atividade e o número de empregados, sendo sorteados três grupos de cem endereços, na seguinte proporção:

A	1 endereço para cada	25 fábricas no grupo das empresas de 20 a 99 empregados
B	1 endereço para cada	7,5 fábricas no grupo das empresas de 100 a 499 empregados
C	1 endereço para cada	2 fábricas no grupo das empresas de 500 ou mais empregados

O número de questionários aplicados variou em cada estrato conforme as recusas, sendo o seguinte o resultado final:

Grupo A	97 empresas
Grupo B	96 empresas
Grupo C	95 empresas
TOTAL	288 empresas

Para o presente trabalho utilizei basicamente os dados obtidos no grupo C, isto é, entre as fábricas de quinhentos ou mais empregados.

As entrevistas com os industriais seguiram um roteiro padronizado e foram aplicadas, simultaneamente, a uma subamostra do extrato das indústrias paulistas de mais de 499 empregados, selecionada para a realização do *survey* (grupo C), e a empresários escolhidos em função da representatividade de suas indústrias, no que diz respeito às proporções das empresas que controlam e ao grau de "modernização" provável dos empreendimentos. A subamostra foi obtida tomando-se 1 empresa para cada 4 indústrias arroladas no grupo C, totalizando 25 empresas. Como a amostra inicial abrangia 1 endereço para cada 2 fábricas, pode-se dizer que na subamostra escolheu-se 1 entre 8 fábricas de mais de 499 empregados da Grande São Paulo para localizar seu principal dirigente industrial e entrevistá-lo. A escolha dos demais empresários baseou-se em informações sobre o "vulto dos empreendimentos" que controlam (faturamento, capital, número de empregados, tipo de indústria) e sobre o "dinamismo" de certos empreendedores. É fácil compreender que o controle de informações desse tipo não é simples, a começar pelo problema do "controle real" dos empreendimentos. Na prática, porém, o consenso de entrevistados abalizados acaba por dar uma certa garantia de segurança: a margem de erro para a determinação, por exemplo, das quinze principais indústrias e empresários de Recife ou de Belo Horizonte não é grande. Em São Paulo, onde o número de empresários é muito maior e o consenso bem mais difícil, lancei mão do recurso de partir da subamostra construída com os dados do *survey*, deixando uma cota de quinze empresários escolhidos livremente para completar as quarenta entrevistas que os recursos financeiros disponíveis permitiam realizar. A distribuição das entrevistas por cidade foi a seguinte:

São Paulo	40
Belo Horizonte	15
Recife	12
Salvador	5
Blumenau	10
TOTAL	82

Na medida do possível, foram entrevistadas pessoas que, além de controlarem em parte ou totalmente o capital de algum grupo industrial, exerciam o controle político-administrativo do empreendimento. Abriu-se uma exceção, imposta pelas circunstâncias, para as formas controladas pelo capital estrangeiro incluídas na subamostra do *survey*. Neste caso, as entrevistas foram aplicadas aos diretores que controlam, no Brasil, as organizações econômicas. Para localizar o "principal dirigente" das empresas sorteadas na subamostra, tanto as estrangeiras como as nacionais, fez-se um levantamento das diretorias das sociedades anônimas e, à base de informações de outros industriais, escolhi o "principal dirigente" presumível. No caso das indústrias selecionadas fora da amostra, procurei manter o mesmo critério, sempre à base de avaliações feitas por outros industriais locais.

Entretanto, o critério utilizado para caracterizar a mentalidade e a ideologia dos empresários não foi estatístico. De fato, os industriais entrevistados não foram escolhidos através de amostras probabilísticas (com exceção dos 25 industriais da Grande São Paulo escolhidos através da subamostra a que fizemos referência), e as análises feitas prescindem de generalização estatística, quando não são incompatíveis com ela. Isto porque o estudo que se segue não é o resultado de uma "pesquisa de opinião", em que o rigor da amostra garante a segurança das generalizações. Ao contrário, não elaborei o trabalho a partir das opiniões dos empresários como reflexo de uma "mentalidade econômica", mas procurei analisar as condições estruturais que dão sentido às opiniões e explicam a variedade e a versatilidade de que se revestem na experiência cotidiana dos industriais. A ênfase interpretativa foi colocada nos problemas de criação de novas condições para a ação econômica. Por isso, a antevisão de um feixe de oportunidades por um pequeno número de empresários contou mais que a média das opiniões, representações e propósitos do conjunto dos industriais. Além disto, a dinâmica social foi concebida como o resultado de movimentos sociais que exprimem as possibilidades de ação que a estrutura da sociedade global apresenta para as classes sociais. Preocupei-me menos com a capacidade de inovação de um empresário de gênio do que com as condições sociais que permitem a expansão das virtualidades empresariais sob a forma de capitalismo industrial. Mesmo quando procurei caracterizar a mentalidade empresarial vigente e as práticas administrativas, o nexo científico da análise foi estabelecido em termos da adequação entre a situação concreta de existência econômica e a ação empresarial, e não entre um conjunto de atributos empresariais e a dispersão destes atributos, tal como aparecem empiricamente, no conjunto dos industriais. Aproveitei os dados de que o Cesit dispunha sobre a indústria paulista visando apenas a ter um ponto de partida bastante diversificado para a investigação.

As entrevistas com os industriais de outras áreas e com industriais não escolhidos conforme a amostra permitiram alargar consideravelmente as informações, pois foram selecionadas de forma a abranger condições muito diversas de experiência empresarial. Além disso, as informações que utilizo foram coligidas muitas vezes em fontes outras que não as entrevistas formais: o convívio com alguns industriais, a leitura de declarações de líderes empresariais à imprensa, o levantamento das atas de reunião de industriais e de publicações da Federação das Indústrias do Estado de São Paulo, bem como das "seções econômicas" de diários paulistanos, que, embora não apareçam sob a forma de notas de rodapé no livro, serviram como fonte para as análises e como inspiração para as interpretações.

Com mais forte razão, as explicações e os ensaios de interpretação refletem a experiência que tenho podido acumular tanto através de leituras sobre o Brasil e o desenvolvimento como através da participação em alguns movimentos "pela emancipação nacional". A validade das interpretações, neste caso, dependerá menos da fonte e do meio de obtenção das informações do que da coerência teórica com que porventura terei sido capaz de demonstrar a veracidade dos pontos de vista assumidos, embora, como é lógico, a teoria deva reproduzir o movimento do real.

Também com relação às áreas escolhidas para selecionar os entrevistados, o critério seguido foi o de assegurar *chances* maiores para que ocorressem experiências empresariais diversificadas: indústria que se desenvolveu a partir do trabalho de famílias imigrantes em Blumenau; indústria implantada num meio social, como o do Nordeste, onde o patrimonialismo ainda é forte e as tendências modernizadoras começam a pressioná-lo; industrialização num Estado em que as condições naturais são favoráveis para implantar indústrias de base e as condições políticas incrementaram a participação governamental na economia, como em Minas; e, finalmente, São Paulo, onde o "desenvolvimento industrial espontâneo" e o vigor do processo de industrialização tornam a escolha da área indispensável para compreender os problemas que tinha em mente. Não pretendi, contudo, fazer uma análise comparativa, nem muito menos – como logo se verá – assumi uma perspectiva que valoriza as diversidades socioculturais dos fatores que interferem na mentalidade e ideologia dos empresários, bem como na forma que o processo de industrialização assume em cada uma das áreas. Ao contrário, usei com grande liberdade as informações colhidas nas diversas áreas, agrupando-as antes em função de tipos de empreendedores do que das regiões socioculturais de onde provieram. Não há dúvida de que, neste sentido, poderiam surgir críticas quanto à necessidade de escolha de regiões diferentes para elaborar o estudo e quanto às próprias regiões escolhidas. Há para responder a elas dois tipos de argumentos. Praticamente, em função do financiamento obtido, era necessário realizar parte das pesquisas fora de São Paulo e não em muitas outras cidades, o que obrigava e limitava a escolha. Teoricamente, embora São Paulo contenha indústrias do velho estilo, como também anuncie um futuro em que elas poderão ter algumas características das empresas "clânicas", as empresas de "industrialização programada" encontram-se mais bem expressas fora de São Paulo. E foi este basicamente o critério de seleção das outras áreas.

As entrevistas foram realizadas por mim e por pesquisadores do Cesit: Celso de Rui Beisiguel, Leôncio Martins Rodrigues Neto, Gabriel Bolaffi, José Carlos Pereira, Lourdes Sola, Cláudio José Torres Vouga e José Francisco Fernandes Quirino dos Santos. Adotei o critério de utilizar dois pesquisadores simultaneamente em cada contato. Enquanto um fazia perguntas ou entretinha a conversa, o outro anotava as respostas. No caso de os entrevistados não se sentirem à vontade com o registro imediato dos dados, a utilização de dois entrevistadores também foi útil porque facilitou o trabalho mnemônico.

Quero agradecer aqui aos pesquisadores que colaboraram comigo, aos industriais que se dispuseram a receber-nos e às instituições que de uma ou de outra forma deram a oportunidade para a realização da pesquisa ou forneceram os recursos para efetuá-la: a Universidade de São Paulo, a Cepal (Comissão Econômica para a América Latina e o Caribe, da ONU), a Confederação Nacional da Indústria, que fez um donativo global à Universidade de São Paulo para auxiliar pesquisas da cadeira de Sociologia I, a Fapesp (Fundação de Amparo à Pesquisa do Estado de

São Paulo) e a Capes (Coordenação de Aperfeiçoamento de Pessoal de Nível Superior), que, em conjunto, proporcionaram meios para que eu pudesse aceitar uma bolsa de estágio no Laboratoire de Sociologie Industrielle da Universidade de Paris, onde discuti alguns problemas que abordo no livro.

Em trabalhos desta natureza os equívocos de interpretação e as possibilidades de que os entrevistados não se sintam bem representados nas análises feitas são grandes. Quanto aos primeiros, a arguição da tese pelos doutores Caio Prado Júnior, Cândido Procópio Ferreira de Camargo, Florestan Fernandes, José Quirino Ribeiro e Júlio Barbosa, bem como a leitura feita por alguns colegas, especialmente os próprios pesquisadores do Cesit e da cadeira de Sociologia I, e pelos professores Nuno Fidelino de Figueiredo e Pedro Paulo Poppovic, já salientaram alguns, que corrigi em parte para esta edição, e por isso lhes sou grato. Espero que a crítica dos leitores permita-me completar ou modificar as interpretações em outros pontos. Quanto às segundas, a probidade intelectual obriga que sejam expostas, sem má-fé, as conclusões a que se chegou na análise. Se os resultados desagradarem a alguns, ou mesmo a muitos, desde que haja convicção de que as demonstrações são exatas e fidedignas, só resta lembrar a resposta que na obra de Brecht dá Galileu a Sagredo sobre os copernicanos: "O mundo inteiro estava contra eles e eles tinham razão."

NOTA

1. O programa geral dessas investigações, "Economia e sociedade no Brasil", encontra-se no livro de Florestan Fernandes, *A sociologia numa era de revolução social* (São Paulo: Companhia Editora Nacional, 1963).

PARTE I

CAPÍTULO I Empreendedores, capitalismo e sociedades industriais

A literatura sociológica e econômica dispõe de recursos analíticos e interpretativos suficientes para esclarecer os mecanismos de formação e transformação do sistema capitalista industrial na Europa e nos Estados Unidos. Da mesma forma, o papel do "empreendedor econômico" no período clássico da formação do capitalismo tem, nas análises de Sombart, Weber e Schumpeter e nas críticas anteriores de Marx, o delineamento básico para sua compreensão. Os requisitos sociais, culturais e psicológicos para o desempenho do papel de empreendedor no período do capitalismo concorrencial e no da formação dos trustes, monopólios e cartéis encontram, por outro lado, tanto nos autores indicados acima quanto em monografias, memórias e biografias sobre os grandes capitalistas, análises que permitem, em linhas gerais, o conhecimento dos mecanismos e processos que garantem a atuação eficiente, em termos do sistema capitalista, dos empreendedores econômicos.

A teoria socioeconômica sobre o capitalismo não dispõe, entretanto, de análises suficientemente conclusivas no que diz respeito à ação empresarial e à própria função dos empreendedores vistos como uma *categoria social* em dois momentos cruciais do desenvolvimento atual da economia do "mundo ocidental": no "capitalismo monopolista" das áreas altamente desenvolvidas e no "capitalismo marginal" das regiões subdesenvolvidas.

As "organizações econômicas" modernas e a sociedade capitalista

A respeito das modificações verificadas na estrutura das empresas e do mercado na etapa atual do desenvolvimento do capitalismo existem, é certo, muitas análises e interpretações. Contudo, os resultados a que estes trabalhos têm chegado sobre a "nova sociedade de massas", sobre o mecanismo de controle das sociedades anônimas e sobre o papel dos dirigentes econômicos só podem ser aceitos com reservas.

À cisão entre propriedade e controle administrativo que se verifica na prática econômica moderna e à reorganização do mercado mundial, provocada pela formação de blocos regionais e pela incorporação dos antigos países coloniais ao mercado, muitos autores têm atribuído efeitos exagerados, quando não falsos, na redefinição dos padrões fundamentais da sociedade capitalista. Em autores como Dahrendorf (1959), Berle (1959) ou Rostow (1961) pode-se entrever os fundamentos de uma teoria sobre a sociedade neocapitalista ou pós-capitalista, até certo ponto corroborada pela análise de Strachey (1956) sobre o "capitalismo da última fase", que, somados às concepções keynesianas do *welfare state* – tão em voga graças a autores como Lerner (1944) ou Galbraith (1958) –, delineiam a nova perspectiva ortodoxa de análise das sociedades industriais modernas e do capitalismo contemporâneo. A morte do capitalismo como sistema baseado na apropriação privada dos meios de produção pela "classe burguesa" e na ação dos "empreendedores" – já vaticinada por Schumpeter – dá lugar às conjecturas sobre as sociedades industriais, que têm em Raymond Aron o precursor e, talvez, o teórico, a cuja voz somam-se as de Rostow, Drucker, Harbison, Myers, Dunlop, Kerr e tantos outros.

A perda de sentido do conceito clássico de economia capitalista é o refrão básico destes autores: a expressão "sociedade industrial" é, para eles, mais significativa que a expressão "sociedade capitalista". Ao mesmo tempo, os aspectos político-sociais ganham preeminência na explicação do processo econômico e na análise dos padrões que definem as formas estruturais da sociedade. A estrutura de poder, na fábrica como na sociedade em geral, organiza-se antes em função da linha de "autoridade" que da linha de "propriedade". O *manager* aparece, enquanto *top executive* ou *head of organization*, como a encarnação visível mais importante do mecanismo de controle da empresa. As posições-chave do executivo, legislativo ou judiciário, e não os capitalistas, representam as camadas dominantes da sociedade:

> As elites gerenciais ou capitalistas podem ser grupos extremamente poderosos na sociedade, podem até mesmo exercer controle parcial do governo e parlamento, mas esses mesmos fatores sublinham a significação das elites governamentais: sejam quais forem as decisões tomadas por ou através deles; sejam quais forem as mudanças introduzidas ou evitadas, as elites governamentais são seu objeto ou agente imediato; sejam quais forem os conflitos que ocorram na arena política, os cabeças dos três troncos do governo são os expoentes do *status quo*.[1]

Este tipo de interpretação desperta reservas tanto no que se refere às transformações que a produção em massa e o controle monopolístico ou oligopolístico do mercado provocaram na organização das unidades econômicas e nos mecanismos de seu controle quanto no que diz respeito ao padrão estrutural e às formas de dominação das *sociedades de massa* em que as modernas sociedades anônimas imprimem, com sua vida e organização, o ritmo de desenvolvimento e a forma de civilização.

Com efeito, a burocratização das empresas, decorrente da racionalização crescente imposta pela civilização industrial, redefiniu as técnicas de comando e controle postas em prática nas organizações econômicas. Da mesma maneira, os moldes da moderna capitalização quebraram o controle acionário total das empresas pelos grupos familiares. Entretanto, depoimentos e estudos recentes têm mostrado que a liberdade de decisão dos *managers* é controlada pelos grupos acionários que detêm a propriedade, embora o mecanismo de autoridade seja hoje muito mais complexo que no período do "capitalismo empresarial". O vulto dos investimentos nas economias altamente desenvolvidas implica a mobilização de recursos através da rede bancária e traz a política creditícia para o primeiro plano dos mecanismos de pressão e controle. Assim, os instrumentos monetários, controlados em regra pelos detentores do capital financeiro, têm possibilidades crescentes de influir sobre a política empresarial. E, como a alocação de recursos é menos função da taxa de juros, nas economias modernas, do que função dos interesses de grupos, os grupos econômicos organizam-se e "aliam-se" no plano financeiro para realizar investimentos em áreas que lhes parecem as mais convenientes, deixando aos *managers* a "liberdade" de agir dentro dos limites e com os objetivos que lhes são estabelecidos pelo capital financeiro. Apesar disto as funções de empresário mantêm-se, redefinidas, na prática das sociedades anônimas sujeitas à "administração científica", como indicaremos adiante.

No que se refere aos efeitos que as transformações da economia moderna acarretaram no padrão estrutural das sociedades, os equívocos são grandes. É preciso convir que a "ideologia empresarial" deu lugar à ideologia da administração científica,[2] ou seja, à necessidade de controle do trabalho nas unidades de produção. Assim foi permitido um tipo de justificativa ideológica da autoridade que aproxima formalmente a racionalização posta em prática em empresas que produzem nos quadros de economias socialistas das técnicas de justificação da autoridade vigentes nas empresas capitalistas, na medida em que "todas as ideologias de administração têm em comum o esforço de interpretar o exercício da autoridade de um ângulo favorável".[3] Cessa nisto, contudo, a analogia. A diferença entre "autoridade na empresa" e "controle da empresa" não se resolve pela análise da burocratização crescente no nível administrativo. O problema só se esclarece quando é rebatido para o plano da sociedade global: quais as formas de propriedade vigentes e como se exerce o mecanismo de seu controle. A "despolitização" da economia encontra neste passo o limite: qualquer análise formal que vise a demonstrar a semelhança dos processos de decisão dentro da fábrica e de justificativa ideológica da autoridade na empresa, em sociedades organizadas, a partir de princípios estruturais diversos torna-se sociologicamente inconsistente quando extrapola as analogias daquele nível para a análise das formas de controle das empresas e para o tipo de sociedade global. A expressão "sociedade industrial de massas" indica uma forma de produção e de consumo, porém nada acrescenta sobre o controle societário da produção ou sobre o sentido básico da atividade produtiva: produzem-se lucros, ou são produzidos objetos de consumo? Que o sentido da produção capitalista não variou significativamente, verifica-se pela própria análise keynesiana,[4] quando ela demonstra que o sistema capitalista desenvolvido não é suficiente, por si mesmo, para atender aos objetivos sociais da economia como se fossem um subproduto consequente das decisões dos empresários. A "liquidez" permitida pelas ações, embora enganosa do ponto de vista da sociedade (pois os empreendimentos, ao passarem do controle de um proprietário para outro, não aumentam nem mudam sua natureza), faz da especulação uma norma, mais que uma possibilidade. As decisões econômicas na Bolsa tornam-se, assim, antes manobras para obter lucros imediatos do que meios para aumentar a produção. O caráter de produção pela produção que, nas análises de Marx, supunha a expropriação dos trabalhadores e a obtenção de lucros como a condição e o objetivo do capitalismo desdobra-se, no capitalismo moderno, na disputa entre capitalistas financeiros que levam a irracionalidade do sistema ao absurdo: o jogo das ações é a luta pelo lucro sem a mediação da produção.

Não cabe discutir neste trabalho até que ponto o capitalismo monopolístico transformou, de fato, o sistema de produção e de controle da economia moderna e o padrão de organização da sociedade global. Um problema, contudo, deve ser colocado: até que ponto as transformações ocorridas nas sociedades capitalistas na fase monopolística da produção em massa implicam a redefinição das *funções empresariais*?

O empreendedor na economia capitalista clássica

Os empreendedores e o desenvolvimento do capitalismo

Schumpeter, em análise clássica, caracteriza o empreendedor econômico típico de sua época procurando distingui-lo do agente econômico do período de formação do capitalismo, quando "empreendedor" e "capitalista" eram categorias indiferenciadas. Na *Teoria do desenvolvimento econômico*, a atividade empresarial aparece como uma *função* na dinâmica do desenvolvimento que pode ser exercida independentemente da qualidade de "capitalista" ou de "proprietário" dos meios de produção. Na concepção schumpeteriana, a atividade empresarial não aparece nem como um momento do "fluxo circulatório" (isto é, da realização rotineira do processo de produção e investimento), nem como a concretização do liame necessário entre a inovação no processo econômico e o suprimento dos capitais. Por certo, a função de "prover o crédito" é essencial nas economias que encontram no mecanismo de acumulação privada de capital o recurso para reservar parte da poupança para custear os investimentos em novos procedimentos produtivos. Tão essencial que "esse é o processo característico do tipo de sociedade capitalista – e de importância suficiente para lhe servir de *differentia specifica*".[5] A categoria de capitalista não se confunde, porém, com a de empreendedor. Tanto que, enquanto o mecanismo de suprir os recursos para custear as inovações pode variar de um tipo de sociedade para outro, a função empresarial mantém-se. Da mesma forma, Schumpeter vê na motivação fundamental da ação do empreendedor apenas um grupo de incentivos que se liga diretamente à propriedade privada: "a vontade de encontrar um reino privado, e, em geral, embora não indispensavelmente, uma dinastia também."[6] Os dois outros grupos básicos de motivos que incentivam a ação empresarial, a vontade de conquistar e a vontade de criar, não se ligam indissoluvelmente à propriedade privada.

Basicamente, a função empresarial nas economias capitalistas consiste, para Schumpeter, na combinação nova dos meios de produção e de crédito: "o empreendimento de novas combinações denominamos *empresa*, e os indivíduos cujas funções é realizá-las, *empreendedores*."[7] Sem novas combinações não há *desenvolvimento econômico*, embora possa haver *crescimento*, isto é, aumento da população e riqueza que não implicam alterações qualitativas. Só quando as transformações da vida econômica se originam no âmago do sistema, rompendo o ponto de equilíbrio através de *inovações* na combinação dos elementos da produção, tem-se um processo de desenvolvimento. Estas "combinações novas" podem operar para Schumpeter em vários níveis:

1. Na difusão de um novo bem ou de uma nova qualidade de bem;
2. Na adoção de um novo método de produção;
3. Na abertura de um novo mercado;
4. Na conquista de uma nova fonte de suprimento;
5. Na execução de uma nova organização de qualquer indústria.

O conceito de empreendedor na análise schumpeteriana é, pois, como ele mesmo diz, mais lato e mais restrito que a noção corrente. Ao mesmo tempo que não se liga diretamente à categoria de capitalista, podendo abranger "gerentes", membros de "juntas diretivas" e outros tipos de assalariados de uma companhia, não inclui todos os industriais ou administradores: depende da capacidade inovadora que efetivamente possuam. Em consequência, a função de empreendedor não pode ser *herdada*, nem é uma *posição* na empresa ou na sociedade que possa exprimir-se como uma categoria profissional ou uma classe.

Noutros termos, o sistema econômico, para Schumpeter, funciona à base de um "fluxo circulatório" que assegura sistematicamente determinadas combinações dos meios de produção como "possibilidades naturais". A realização de novas combinações é "uma função especial e constitui privilégio de tipos de pessoas muito menos numerosas que todos aqueles que têm a possibilidade *objetiva* de a desempenhar" (Schumpeter, 1961:112). Por isso, "os empreendedores constituem um tipo especial e o seu comportamento um problema específico, a força motriz de um grande número de fenômenos importantes".[8]

Como "tipo especial de pessoas", os empreendedores são capazes de realizar as funções inovadoras não como quem *descobre* ou *inventa* novas possibilidades de combinação econômica, mas como quem as realiza. Isto é, trata-se de *líderes*, na medida em que a função do líder consiste em executar o que pode ter sido percebido por muitas pessoas, das quais os líderes se distinguem exatamente porque, ao perceber *chances* de inovação, transformam seus objetivos em ato antes que se extingam as possibilidades concretas de efetivá-los. Sociologicamente, a liderança do empresário, em contraposição à liderança política que persuade, não se caracteriza pelo esforço de convencer as pessoas de seus planos, e sim pela "aquisição" dos serviços dos liderados, de forma a submetê-los a seus desígnios. Por outro lado, o efeito de liderança sobre os outros industriais e administradores é obtido pelo empreendedor *malgrélui*: a generalização das práticas inovadoras é feita pelos concorrentes que, assim agindo, reduzem e, posteriormente, anulam os lucros inicialmente obtidos pelo empresário.

O empreendedor como demiurgo

Nas análises de Schumpeter, como na caracterização da economia de empresa de Sombart, o empresário aparece como o demiurgo. Não têm razão Myers e Harbison quando insistem em afirmar que, contrapondo-se a Schumpeter, focalizam mais o empreendedor como pessoa (nosso interesse concentra-se no indivíduo e em todas as suas ações no sentido da criação e utilização das organizações para alcançar fins específicos),[9] do que a atividade empresarial como função. Schumpeter analisa, também, as relações entre a atividade empresarial, que é uma categoria produzida por um dado tipo de organização da vida econômica, e sua concretização efetiva na história. Nesta conexão, a importância relativa da *ação* empresarial é muito maior do que a das determinações sociais de *função* engendradas pelo *sistema* econômico. O texto indicado acima mostra que para Schumpeter os empreendedores constituem um "tipo especial". Que "tipo especial" é este? Deixemos a resposta ao próprio Schumpeter:

> Em primeiro lugar, trata-se de um tipo de atitude e de um tipo de pessoa, desde que esta atitude só é acessível em proporção muito desigual e a relativamente poucas pessoas, de modo a constituir suas características marcantes. [...] o tipo de atitude em estudo não somente difere da outra (que caracteriza todo homem de negócio) em conteúdo, sendo-lhe peculiar a "inovação", como também no fato de pressupor aptidões diferentes, por natureza e não apenas em grau, daquelas de mera conduta econômica racional.[10]

Parece claro que a análise de Schumpeter, distinguindo o "fluxo circulatório" da ação empresarial e vendo nesta última a mola do desenvolvimento, tem como escopo eximir-se de um tipo de crítica já formulado por Sombart nos seguintes termos: "É pura mística deixar atuar o *capital*, quer dizer, reconhecer como força motriz na vida econômica um simples esquema de relação social."[11] A sombra de Marx, mais do que Marx, parece ser a interlocutora deste diálogo de surdos... Em Schumpeter, como em Sombart, a preocupação é a mesma: o homem faz a história; a história do capitalismo é a história (a ação) dos empreendedores. Para afastar o fantasma da reificação do sistema, apelam para o homem "concreto", "real", entendido como uma espécie de *ser aí*, determinado por si próprio e não pela história:

> [...] devemos concluir que ali onde vemos produzirem-se fortes efeitos de transformação, algo novo que se esconde por trás do fenômeno do aumento da população foi a verdadeira força criadora. Esta força, como se deduz claramente das observações precedentes, é o homem real com seus esforços, seus propósitos, suas aspirações; o homem real com seus pensamentos e paixões.[12]

Deste esforço resultou uma caracterização formal e abstrata da categoria de empreendedor que se torna insuficiente diante das novas formas concretas de capitalismo. Com efeito, na interpretação de Schumpeter há uma distinção nítida entre o "sistema econômico de produção", cujos padrões de funcionamento asseguram a rotina e mesmo a expansão do capital dentro da rotina, e a ação do empresário. Embora evitando, com a noção de desenvolvimento que utiliza, reter como significativo o resultado das modificações do sistema provocado pela ação de "fatores externos", no "âmago do sistema" Schumpeter separa as "condições passivas de ação" da "consciência e vontade" dos homens que as modificam. O empreendedor, ao modificar as práticas tradicionais, age como um *Deus ex machina* que fecunda a história. Como, entretanto, as possibilidades de ação definem-se a partir das condições de funcionamento do sistema, só restava a Schumpeter a alternativa de rever a caracterização parcial das funções empresariais, enquadrando-as historicamente e definindo-as como relações socialmente necessárias em determinados tipos de organização da produção: "a importância do tipo empreendedor deve diminuir, como já decresceu a importância do comandante militar. Não obstante, uma parte da essência mesma de cada tipo prende-se à função."[13]

O empreendedor na época das grandes sociedades anônimas

Harbison e Myers,[14] tentando recolocar o papel dos empreendedores nas sociedades industrializadas modernas, acentuaram, com razão, que pelo menos num ponto há necessidade de retificar a explicação de Schumpeter para compreender a atuação dos modernos líderes econômicos. Os "construtores de organizações", como estes autores designam os empreendedores modernos, não desempenham as funções empresariais apenas quando criam novas combinações, pois, na atividade econômica moderna, a continuidade da "organização" é fundamental para o êxito e, em certo sentido, não é tarefa rotineira:

> [...] nosso conceito do construtor de organização (*organization builder*) não se limita à inovação inicial, mas cobre a fase subsequente do desenvolvimento da organização. O construtor da organização não é neste sentido separável de sua organização. Sua eficiência depende de construir uma instituição econômica, a organização, cujo valor é maior do que a soma de suas partes individuais.[15]

A correção da tese de Sombart sobre os tipos de empresários, implícita em Schumpeter, é retomada agora por Myers e Harbison contra o próprio Schumpeter. Com efeito, o empresário-inventor (que Sombart chama também de capitão de indústria), o *business man* e o *corporation financier*[16] serão empresários mais na medida em que forem capazes de pôr em prática técnicas que assegurem vantagem econômica do que na medida em que forem capazes de inventar práticas comerciais, financeiras ou de produção. A correção de Harbison e Myers diz respeito, exatamente, a que o êxito do empreendedor não se resume à sua aptidão criadora, mas à continuidade efetiva que forem capazes de imprimir à nova combinação econômica implantada.

Na verdade, a tentativa de manter o conceito schumpeteriano de empreendedor na análise do processo econômico atual é bem mais complexa e, talvez, bem mais infrutífera do que os autores indicados acima supõem. A burocratização das organizações econômicas modernas, a complexidade do mercado nas economias altamente desenvolvidas da atualidade e as condições de realização do lucro impuseram uma redefinição das funções empresariais, que fica apenas entrevista no trabalho de Harbison e Myers.

O empreendedor e a burocratização da empresa

As transformações recentes do capitalismo mostraram que, ao contrário do que imaginava Sombart, é pura mística deixar atuar o empreendedor, isto é, reconhecer como força motriz na vida econômica o homem real, tal qual ele existe isoladamente, com seus atributos particulares de consciência individual e vontade própria. A ser assim, possivelmente não haveria *desenvolvimento*, ou seja, criatividade, no capitalismo da era das grandes sociedades anônimas.

De fato, em dois pontos cruciais, o capitalismo do *big business* modificou radicalmente a forma e o espírito da ação predominantemente criadora da economia contemporânea. Por um lado, a burocratização das empresas redefiniu o *modus faciendi* das "novas combinações" econômicas. Por outro lado, a motivação e os objetivos que conscientemente se propõem os dirigentes econômicos, bem como as qualidades de personalidade que deles se requer, são muito diversos na era do capitalismo monopolístico do que foram no período anterior à Segunda Guerra Mundial. Nossa hipótese básica, entretanto, é que estas transformações se realizaram sem afetar o alfa e o ômega do sistema, isto é, a produção de lucro, e sem que as funções empresariais se tivessem transformado em rotina administrativa.

Precisemos as afirmações acima. Partimos, para a compreensão da dinâmica do capitalismo contemporâneo, de que a complexidade crescente das "empresas gigantes" redefiniu o processo de inovar na atividade econômica, tornando-o consentâneo com as condições atuais do "fluxo circulatório". Esta transformação não implica, contudo, que a ação econômica racional acabe por extinguir, na atividade administrativa, os últimos lampejos do gênio empresarial que implanta ou inventa novas combinações econômicas. O processo é muito mais complexo. Às antigas práticas empresariais (tipologicamente bem descritas por Sombart) não só se acrescentaram outras, como todas elas passaram a orientar-se por formas de pensamento e ação social de novo tipo. O pensamento e a ação dos empreendedores da época do capitalismo dos monopólios estão para a ação e o pensamento dos empreendedores schumpeterianos em relação que se assemelha à que o pensamento da *etapa da planificação* mantém com o pensamento da *etapa inventiva* de Mannheim. Efetivamente, no período da economia empresarial que Sombart chamou de "apogeu do capitalismo", pode ser que o traço característico da atividade econômica fosse a mudança de

> [...] toda a direção na vida econômica, que passa às mãos dos empresários capitalistas; a partir deste momento – superada a marcha através dos órgãos do Estado – [os empresários], transformados nos sujeitos econômicos da essência profunda da economia capitalista, são os únicos organizadores do processo econômico, na medida em que este se desenrola nos quadros do sistema econômico capitalista.[17]

Neste panorama, a capacidade para levar avante uma empresa poderia exprimir-se, quase tipicamente, quando se "inventava" uma associação ou se "organizava um pessoal administrativo tendo em vista um fim determinado". O talento individual para elaborar uma cadeia causal unilinear, engendrada a partir da execução de uma prática nova, cujo curso provável sobre o mercado era antecipado pelo gênio econômico – a capacidade de invenção – caracterizava o empresário. Mannheim dirá, não para descrever a ação empresarial, que não era objeto de suas preocupações neste texto, mas para caracterizar um tipo de pensamento que se lhe ajusta: "Primeiro a forma de pensamento é linear; preveem-se cadeias possíveis de sucessões causais, das quais só as primeiras fases são iniciadas pelo sujeito que atua e pensa, deixando-se que as demais sigam seu próprio curso com relação a suas próprias leis."[18]

Bem diversa é a atividade criadora na empresa burocratizada atual. Pouco importa, para esta diversidade, que a formulação de uma nova maneira de operar seja o resultado da imaginação de empresários-proprietários ou de administradores profissionais, de um *top executive* ou de uma junta administrativa. A diferença fundamental quanto às decisões inovadoras é que é impossível, nas grandes empresas, realizar "combinações novas" como se elas dissessem respeito apenas à previsão restrita de causas e efeitos de uma modificação introduzida para resultar numa vantagem econômica que assegure melhor posição na concorrência. Modificações deste tipo continuam a existir e são fruto principalmente do trabalho especializado de técnicos, cientistas, especialistas em mercado etc. Numa palavra: passaram a integrar as normas do dia a dia da empresa. Não exprimem, contudo, a forma diferencial moderna por excelência da ação empresarial. *Inovar, na economia contemporânea, é ser capaz de controlar o conjunto de resultados de uma alteração proposta, tanto no nível da empresa como no nível da ordem econômica e da ordem social global.* Inovar é, pois, ser capaz de alçar-se ao nível do pensamento planificado:

> Esta forma unidimensional (o pensamento inventivo) se converte em uma forma multidimensional, quando na etapa superior do desenvolvimento das esferas separadas, tais como a política, a economia etc., que antes eram consideradas como círculos fechados, se vê que influem umas sobre as outras e conduzem a uma estrutura multidimensional. Esta estrutura não é considerada como estática, pois está permanentemente em mudança; e deste momento em diante as mudanças que se produzem em suas partes serão consideradas como adequadamente interpretadas apenas quando forem concebidas em termos do todo que muda [...]. O elemento mais essencial do ponto de vista planificado é, pois, que ele não só trata de descobrir os fins individuais e os objetivos limitados, mas também dá conta dos efeitos que estes fins individuais produzem, a longo prazo, sobre objetivos mais amplos.[19]

Na empresa altamente burocratizada do capitalismo contemporâneo, a inovação depende, portanto, muito mais dos mecanismos de decisão em função do *conjunto* dos fatos sociais do que das qualidades pessoais de um empreendedor de talento inventivo. A empresa, não o empreendedor, constitui o sujeito do processo econômico. O que equivale a dizer, como adiante se verá, que o *capital* e não o capitalista detém o segredo que explica o sistema. Para agir desta maneira, é preciso que a empresa disponha de mecanismos que forneçam a seus dirigentes as informações necessárias para a determinação das relações fundamentais de cada decisão com o conjunto de situações – dentro da empresa, no mercado e na sociedade – sobre as quais a decisão interferirá e em função das quais poderá ter êxito ou não. Por isto, os dirigentes econômicos que estão em condições de inovar a política das sociedades anônimas são os que detêm a *posição dominante*, que se localiza na interseção entre a empresa (ou a organização) e as demais instituições sociais com que ela interage, como o Estado, o sistema financeiro, os partidos, as outras empresas, os sindicatos, as federações de industriais etc.

O "novo capitalismo"

Em seus aspectos formais, não resta dúvida de que as funções empresariais mantêm-se na economia moderna. A distinção clássica de Weber, entre *tradicionalismo* e espírito capitalista, contém o germe de toda distinção sobre rotina e atividade empresarial. As empresas gigantes, diríamos, constituem a substantivação formal do capitalismo contemporâneo. Restaria ver se o "espírito" do capitalismo subsiste na motivação e nos objetivos dos empreendedores. Entretanto, se a resposta a esta pergunta dependesse de estudos concretos sobre os dirigentes das sociedades anônimas, a própria indagação seria especiosa. A forma e o conteúdo de um tipo de atividade variam com a situação de vida em que se definem. Guardadas as diferenças entre *pensamento* e *espírito capitalista*, poder-se-ia dizer, ainda uma vez com Mannheim:

> O pensamento não cria o mundo, mas ao contrário, em um mundo dado, com uma estrutura dada, uma forma dada de pensar é um instrumento que, em um determinado momento, pode ser tanto adequado ou inadequado ou estar a caminho de tornar-se cada vez mais adequado. Não existe pensamento "como tal"; um determinado tipo de criatura viva pensa em um mundo com um determinado tipo de estrutura a fim de realizar determinadas funções vitais.[20]

Sem dúvida, o homem de empresa é hoje, mais do que tudo, um líder no sentido político. Entretanto, esta transformação não se verificou porque o "espírito" do capitalismo mudou (e com ele os desígnios, os motivos, a consciência e o sentido da ação dos empresários), mas porque o capitalismo, isto é, as condições de realização do lucro no mercado e as condições de investimento, modificou-se. Na época das grandes sociedades anônimas, a economia é, cada vez mais, *política*, não no sentido a que a análise de Dahrendorf, por exemplo, poderia conduzir, ao fazer da distribuição e do controle da *autoridade* a pedra de toque das sociedades industrializadas, mas em sentido bem diverso. Política no sentido de que o controle da propriedade depende da formação de grupos de pressão nas empresas, do poder de decisão alcançado através das alianças que se formam nas assembleias de acionistas, como mostra Berle, e das alianças entre grupos econômicos. Poder-se-ia dizer, ao contrário aliás da interpretação de Berle que vai na direção de imaginar formas de poder sem propriedade,[21] que as formas modernas de propriedade dependem do poder, ao mesmo tempo que constituem uma de suas bases. Mas política, sobretudo, porque a concentração de capitais e a divisão do mercado mundial obrigam, de forma crescente, ao surgimento na cena econômica de um novo personagem para garantir a prosperidade: o Estado.[22] Na nova conjuntura, a "decisão econômica" torna-se uma "decisão total" (econômica, política, social), que para ser posta em prática vai depender em larga margem da persuasão, do jogo de influências e da imposição, e não apenas da compra dos meios a serem combinados para produzir uma inovação.

Precisemos um pouco mais estas transformações para ver até que ponto elas teriam alterado o sistema capitalista. Em primeiro lugar, a diferenciação interna operada nas empresas modernas, se produziu modificações consideráveis nos métodos de gestão, mas não teve como resultado a concretização do sonho da "revolução dos gerentes" e não permite, pois, a sustentação da hipótese de que a "autoridade" dos dirigentes industriais, emanada da capacidade técnica de "decisão", constituiria a base do controle gerencial sobre as empresas. Na verdade, a hipótese da cisão entre propriedade e controle é discutível. Sweezy, analisando dados de Coldsmith e Parmelee numa investigação oficial sobre a concentração do poder econômico,[23] endossa a opinião destes autores quando asseveram que

[...] em cerca de140 das 200 companhias as ações nas mãos de um mesmo grupo de interesse eram suficientemente grandes para, juntamente com outras indicações, como a representação na administração, justificar a classificação destas companhias como mais ou menos decisivamente sob o controle da propriedade.[24]

Além disto, agrega ainda Sweezy, os administradores que não possuem uma proporção considerável do controle acionário de *uma* empresa detêm, em termos absolutos, um número de ações suficientemente grande da empresa em que trabalham ou de outras companhias para que seus interesses se orientem na direção dos interesses do conjunto dos proprietários.

Assim, pensamos que há boas razões para afastar a hipótese de que as modificações na forma de gerir a empresa teriam resultado num "pós-capitalismo": a separação entre controle e propriedade não é tão generalizada, e a propriedade não se dispersou entre muitas mãos. Wright Mills, baseando-se em dados de 1952 e 1955, reafirma a tendência à concentração encontrada nas investigações de antes da Segunda Guerra Mundial do Temporary National Economic Committee (TNEC) e mostra em que proporções a distribuição de ações se verifica nos Estados Unidos entre pessoas da "camada dirigente" das empresas, o que reduz às devidas proporções o mito da "democratização do capital" e da separação entre propriedade e controle:

> Os 6,5 milhões de pessoas que possuíam ações em sociedades anônimas em 1952 constituem menos de 7% da população adulta (cf. Lewis H. Kemmel, *Share Ownership in the United States*, Washington, 1952, e também "1955 Survey of Consumer Finances"). Mas isso não é tudo – esse fato, em si, pode induzir a erro. O importante é saber, em primeiro lugar, quais os tipos de pessoas que tinham ações. E, segundo, como se distribui a proporção de ações que possuem. Em primeiro lugar: 45% dos diretores, 26% de todos os profissionais e 19% de todos os que supervisionam têm ações. Mas apenas 0,2% dos trabalhadores não especializados, 1,4% dos semiespecializados e 4,4% de capatazes e trabalhadores especializados têm ações. Cerca de 98,6% de todos os trabalhadores da indústria não possuem qualquer ação. Segundo, em

1952, apenas 1,6 milhão (25%) dos 6,5 milhões de pessoas que tinham ações receberam US$ 10.000 anuais de todas as fontes reunidas. Não sabemos que parte dessa importância vinha de dividendos, mas há razões para acreditar que a proporção média não fosse grande. Em 1949, cerca de 165 mil pessoas ou um décimo de 1% de todos os adultos dos EUA receberam 42% de todos os dividendos de empresas destinados a indivíduos. A renda mínima dessas pessoas, naquele ano, foi de US$ 30.000. A ideia de uma distribuição realmente ampla da propriedade econômica é uma ilusão fomentada: na melhor das hipóteses, 0,2% ou 0,3% da população adulta possui ações realmente compensadoras no mundo das sociedades anônimas.[25]

No que se refere à Inglaterra, da mesma maneira, os dados analisados por Strachey indicam que no máximo 10% da população é proprietária[26] e que o controle de ações das principais companhias está nas mãos de um grupo ainda bem menor de pessoas.[27] Por outro lado, é preciso reconhecer que em geral as grandes companhias não são dirigidas diretamente por *seus* proprietários. Isto porque o aumento do porte das empresas e a participação dos grandes proprietários de ações em múltiplos empreendimentos, através de alianças de tipo financeiro, deslocaram o centro de atuação dos proprietários de capital de dentro de cada empresa para posições de "controle a distância". Os mecanismos financeiros a que já aludimos e a generalização das *holdings* tornaram possível o "absenteísmo industrial". Entretanto, somente a partir do ponto de vista relativamente ingênuo que serve de fundamento para as ideologias da "nova sociedade" pode-se concluir que o afastamento dos "grandes capitalistas" da gestão direta das empresas e sua substituição por diretores nas funções administrativas poderiam alterar as bases do regime capitalista.

Com efeito, é preciso considerar que os administradores, se não são necessariamente os maiores acionistas das empresas em que trabalham, fazem parte da *classe proprietária*. Possuem, como estudos recentes mostraram,[28] parcela considerável da riqueza total da comunidade, sob a forma de patrimônio e de ações da empresa em que trabalham ou de outras – pouco importa –, e são selecionados por critérios que muito pouco têm a ver com a ideologia atualizada do *self-made man*, que substituiu a imagem do trabalhador que se torna capitalista pela imagem do *boy* que ascende todos os degraus da hierarquia administrativa até chegar à presidência do conselho de administração. Baseado em ampla documentação (sete estudos existentes), Wright Mills concluiu que os homens que controlam as cúpulas das organizações econômicas norte-americanas são

> [...] urbanos, brancos, protestantes, nasceram em famílias das classes superior e média superior. Seus pais eram principalmente homens de negócios: 57% são filhos de negociantes, 14% de profissionais e 15% de agricultores. Somente 12% são filhos de trabalhadores assalariados ou de funcionários burocráticos de categoria inferior. Sua origem os marca enfaticamente como um grupo à parte, quando nos lembramos de que na época em que começaram a vida – cerca de 1900 – apenas 8% de todos os homens da América se dedicavam aos negócios, e apenas 3% eram profissionais. Cerca de 25% eram "agricultores", uma denominação ambígua, e quase 60%, cinco vezes mais do que a proporção observada entre os diretores, eram assalariados.[29]

Como os pais dos dirigentes de empresas americanas de 1950 tinham níveis de educação e renda pelo menos de classe média superior, os *managers* tiveram as melhores oportunidades de educação formal. Além disto, o acesso à direção das empresas fez-se fundamentalmente, como mostram as análises em que se baseia Mills, através de procedimentos que nada têm a ver com a dura carreira de um homem que ascende burocraticamente, isto é, que galga posições para as quais possui competência técnica obtida mediante instrução formal. Os procedimentos usuais de acesso ao círculo de dirigentes são: o êxito em empreendimentos próprios e a entrada subsequente nas grandes empresas, já em nível de diretor; o ingresso em companhias de propriedade dos pais, embora inicialmente em nível médio de direção; o sucesso prévio como profissional liberal, principalmente como advogado, com recrutamento posterior para as grandes companhias, e, finalmente, a seleção dentro das grandes companhias. Esta última modalidade, que poderia indicar maior permeabilidade das grandes companhias para o recrutamento de diretores independentemente da "condição de classe", embora alcance 68% do conjunto dos novecentos diretores que foram estudados em grandes empresas americanas em 1950, tem reduzida significação, pois

> [...] cerca de um terço, como seria de esperar pela sua origem e educação, começou na atual companhia como diretor. Bem mais de um terço – na realidade 44% – começou nos vários "departamentos". Isso nos deixa 24% para ter seu início como funcionários ou operários. Devemos, porém, ter cautela na interpretação desses números. Empregos insignificantes não representam nada em si, especialmente se considerarmos a formação e a educação superior desses diretores. Ocupar um cargo burocrático, ou melhor ainda, na fábrica, durante algum tempo, "para aprender o negócio" é frequentemente uma espécie de ritual para algumas famílias ou companhias. De qualquer modo, a maioria dos *altos* dirigentes começou já no nível diretorial.[30]

Vê-se, portanto, que, não se conduzindo a análise no sentido de encarar os administradores como grupo socialmente indeterminado e definido apenas através das relações mantidas com as *empresas*, as modificações ocorridas na gestão das grandes sociedades anônimas significam principalmente uma *diversificação* da camada proprietária. Com efeito, não só a maioria dos administradores participam da classe proprietária, como, quando não são pessoalmente grandes proprietários, relacionam-se com o processo produtivo como instrumentos para a valorização do capital dos acionistas que controlam as grandes companhias, pois, em quaisquer circunstâncias, a medida do êxito administrativo é dada pelos dividendos que as companhias distribuem e pelo montante dos lucros que são reinvestidos.

Assim, encarado o capitalismo moderno objetivamente em sua totalidade e não em termos dos motivos e intenções dos *managers* ou em termos das relações de cada diretor com a empresa que dirige, perdem sentido as afirmações que faz Strachey para explicar a continuidade e a intensificação da acumulação nos oligopólios e tornam-se parciais as análises do capitalismo contemporâneo baseadas em modificações que não afetam os fundamentos do sistema:

A resposta [para saber por que continuam acumulando] é sem dúvida complexa. Mas deve ser com certeza principalmente a de que acumulam com o fito de realçar o poder e o êxito de suas organizações; acumulam para ser diretores de uma empresa de primeira, e não de segunda magnitude. Acumulam por temor de que sua companhia fique atrás na corrida pelo melhoramento técnico e possa assim, em última análise, ser engolida por um rival. E se, à primeira vista, estes motivos parecem débeis comparados com o real e antiquado autoenriquecimento, deve responder-se que não demonstraram sê-lo. Nossa experiência é a de que os oligopólios acumulam de maneira decidida. Sem dúvida, interessa muito a seus diretores que seu "espetáculo" se expanda e tenha êxito, ainda que continuem obtendo mais ou menos os mesmos salários, iguais gastos de representação e privilégios, depois de realizada a acumulação. A concorrência antiquada metamorfoseou-se numa espécie complexa de rivalidade. Além disso, como seu motivo é a aquisição de prestígio e poder, mais do que de riqueza, o móvel que têm para expansão é ilimitado.[31]

Ora, se os oligopólios continuam a acumular e a apropriação dos meios de produção mantém-se inalterada, como mostrou o próprio Strachey, é porque a produção em que se inserem se orienta no sentido de produzir lucros crescentes e o investimento é um momento necessário na circulação do capital para que se verifique sua valorização. Na medida em que os administradores forem meros instrumentos deste processo (isto é, não se beneficiarem, como parte da classe proprietária, da acumulação capitalista), as motivações, as intenções e as racionalizações de sua ação têm significação de pura mistificação que os aliena. Na medida em que forem parte da camada proprietária, a dissociação entre a consciência que alcançam do processo em que agem e o sentido concreto de sua ação, sem deixar de ser falsa, é um momento necessário para a justificação ideológica do domínio de classe. Em qualquer hipótese, a acumulação e o lucro continuam a constituir o alfa e o ômega da economia monopolística, e a balizar, por isto mesmo, a ação dos empresários.

Se refletirmos sobre as consequências mais gerais das afirmações acima, teremos de convir que só de um ponto de vista apologético é possível sustentar que as alterações na forma de gestão e organização das grandes sociedades anônimas implicaram, em si mesmas, modificações na "sociedade industrial". Com efeito, se o que dá sentido à atividade empresarial continua a ser a "produção de lucros", a base social para que esta economia se mantenha continua a ser a apropriação privada dos meios de produção e a exploração do trabalho dos não possuidores. À diversificação da camada proprietária pode ter correspondido uma diversificação da camada assalariada, mas salário, lucro e renda continuaram a ser a expressão econômica das formas básicas de relações sociais da sociedade capitalista contemporânea. O que equivale a dizer que estas se mantêm nas sociedades capitalistas industriais modernas como relações de superposição e dominação de umas classes sobre outras, em que pesem as formas modernas que a exploração econômica e a dominação social assumiram na sociedade industrial de massas.

Em segundo lugar, para responder às análises que procuram mostrar que o mercado oligopólico destrói, por si mesmo, as bases do capitalismo, é preciso convir com Schumpeter que as práticas monopolistas são consentâneas com o funcionamento do sistema capitalista de produção. O controle oligopolístico do mercado exercido pelas *giantcorporations* não destrói o capitalismo: a concorrência perfeita de preços não é um requisito essencial do sistema, mas um padrão tendencial cuja consecução tende a limitar, em muitas situações, o crescimento econômico. E a concorrência de custo e qualidade, presente mesmo nos mercados oligopólicos mais típicos, como, por exemplo, o automobilístico,[32] permite o progresso crescente da economia capitalista, como já havia visto Schumpeter:

> Mas na realidade capitalista (em oposição à imagem que os livros de texto apresentam dela) não é esta espécie de concorrência (de preços) a que conta, e sim aquela que traz consigo a aparição de novos artigos, de uma nova técnica, de fontes novas de abastecimento, de um novo tipo de organização (a unidade de direção em grande escala, por exemplo); quer dizer, a concorrência que dá lugar a uma superioridade decisiva no custo e na qualidade e que ataca não as margens de lucro e de produção das empresas já existentes, mas as próprias bases de sua existência.[33]

Enquanto requisito do sistema capitalista, não é necessário que este tipo de concorrência atue efetivamente para que seus efeitos se façam sentir sobre o sistema produtivo: "quando não é mais do que uma ameaça onipresente, e mesmo antes de atacar, exerce já sua pressão disciplinadora."[34] Ao contrário do que pensavam muitos economistas na época em que escreveu o ensaio a que nos referimos, Schumpeter mostrou que as práticas restritivas dos monopólios, a cartelização, a rigidez dos preços, a tendência à "conservação do capital" etc. são antes mecanismos normais no capitalismo desenvolvido do que anomalias condenáveis em nome do funcionamento da livre empresa concorrencial. Deste ângulo, portanto, nada justifica também – como a prática histórica demonstra – as teorias sobre o "pós-capitalismo" da era do consumo em massa. Se é verdade que existe uma "destruição criadora" no capitalismo, como pensava Schumpeter, é discutível que ela possa completar-se sem a mediação de um movimento político que ponha em xeque o Estado e o sistema vigente de apropriação. Talvez a "teoria do proletariado" de Marx não dê conta de todas as formas possíveis de transformação social por causa das mudanças ocorridas na estrutura econômica e na sociedade moderna: sinal de que alguma outra teoria precisaria ser desenvolvida ou de que a antiga deveria ser suplementada. Daí a supor que a sociedade capitalista se negará "tecnicamente", sem a mediação de lutas políticas, pela modificação progressiva do mercado, das grandes sociedades anônimas e das funções empresariais, e será superada por outras formas de realizar a expansão do capital, a distância não é apenas grande, ela é intransponível. Enquanto houver *capital* que se valoriza (que se expande), haverá *necessariamente* proprietários dos *meios de produção*, e assalariados, pois que a valorização do capital equivale à continuidade do processo de apropriação por uma camada social do trabalho realizado por outra.

Os empreendedores no capitalismo contemporâneo

Não houve, portanto, no que diz respeito à natureza do capitalismo contemporâneo, alterações substanciais. Não obstante, a ideologia neocapitalista, mesmo em suas formas sutis e extremas, como no caso das análises da formação da "sociedade industrial moderna" (que é vista despida de nervo político e sem que se considere a instituição da propriedade), não constitui mera fantasmagoria. Referindo-se a este tipo de ideologia, Trentin escreve, com razão, que "Estas concepções refletiam em certa medida e de modo bastante deformado a existência de mudanças objetivas na estrutura econômica, que solicitavam novas escolhas e novos instrumentos de direção para as classes dirigentes".[35]

Na tentativa de indicar as alterações acarretadas pelos desenvolvimentos recentes do capitalismo, que, "não mudando nada em sua natureza e na natureza da relação de exploração, influíram sem nenhuma dúvida sobre suas estruturas",[36] o mesmo autor acentua o papel do capitalismo de Estado e os efeitos dessa forma de capitalismo, somados a outros fatores, sobre o ciclo econômico. Não apenas neste ponto, pensa Trentin, houve alterações que devem ser levadas em conta. Também na distribuição da força de trabalho no sistema produtivo e nas relações dentro das empresas os desenvolvimentos recentes do capitalismo impuseram modificações. O número dos assalariados não operários, principalmente os técnicos, aumentou, crescendo a influência que estes grupos exercem na sociedade; as relações de exploração assumiram, no âmbito das empresas gigantes, outras formas; e, por fim, tanto houve alterações na estrutura do Estado como as novas formas de participação política acarretaram problemas de reorganização da vida democrática que, embora não apontem para os caminhos do socialismo, põem em dúvida a eficácia da democracia tradicional.

Para os fins da caracterização que nos importa neste capítulo – a categoria de empreendedor nas economias altamente desenvolvidas –, o problema reside em explicar por que os aspectos de inovação no plano da empresa ou do mercado cederam passo, graças às transformações ocorridas na prática econômica atual, ao *fiat* da decisão política. Aos fatores apontados no texto acima falta a demonstração da necessidade da intervenção do Estado e da reorganização da vida política para que se mantenha em funcionamento o capitalismo da era dos oligopólios. Em termos da estrutura do sistema capitalista moderno parece que há dois elementos básicos a considerar[37] para explicar esta transformação:

1. A concentração de capitais e, *a fortiori*, dos lucros, nas grandes empresas, aumenta consideravelmente o disponível para reinvestimento;
2. A rigidez do mercado monopolístico ou oligopolístico diminui as áreas de investimento lucrativo.

O aumento das disponibilidades de capital para investimentos novos, que poderia ser absorvido em boa parte através de desenvolvimentos tecnológicos para assegurar vantagens na concorrência de custos e de qualidade, encontra obstáculos no cálculo do "custo da obsolescência" que visa à "conservação do capital", e no fato de que as melhorias tecnológicas em grande parte se baseiam na ideia de "rendimentos crescentes à escala", isto é, na expansão das operações, prática que, por sua vez, fortalece a tendência à concentração pela expulsão de competidores de áreas cada vez maiores.

O funcionamento do sistema capitalista nestas condições obriga a "politização da economia" em dois planos: 1. No ajuste que se faz necessário entre as empresas para evitar a concorrência que leva à morte (como entrevia Schumpeter com a guerra do custo e da qualidade) quando as unidades econômicas que permanecem numa determinada área do mercado são suficientemente fortes para temerem-se reciprocamente; 2. No apelo que se faz necessário a "estímulos externos" para a criação de condições novas de investimentos lucrativos. O Estado se torna então tanto um instrumento que "regula" a divisão do mercado entre empresas gigantes (nos desenvolvimentos mais completos desta tendência aparecem os "planos reguladores" do tipo do plano francês e a noção de "economia concertada") quanto um meio de absorção dos excedentes econômicos: obras públicas, despesas militares, projetos tecnológicos de grande vulto etc. Somando-se a isto o papel decisivo dos Estados nacionais na expansão imperialista e na reorganização da política exterior para permitir o neocolonialismo, tem-se uma ideia bastante nítida do peso da política nacional sobre a prosperidade das empresas.

Por isso, as elites dirigentes da economia no capitalismo contemporâneo tornaram-se, ao mesmo tempo, elites políticas: ultrapassar o ângulo de visão que a empresa isolada permite é um imperativo para garantir o êxito da própria empresa. Neste esforço, as classes dominantes veem-se, entretanto, desafiadas pela presença de novos grupos capazes de influir no sistema de Poder, criados, como dissemos anteriormente, pela própria dinâmica da produção moderna. A ação e a organização política dos grupos não proprietários, através de sindicatos, associações, grupos de pressão, partidos etc., tornam cada vez mais necessária a ação coordenada das camadas proprietárias para a imposição de uma estratégia política que contrabalance a pressão das outras classes sociais.

É fácil compreender que a "nova situação" levou à redefinição dos requisitos concretos para o exercício da ação economicamente criadora: a inovação, que formalmente é função de qualquer grupo dirigente, dependerá para concretizar-se na atividade capitalista contemporânea não só do "talento inventivo" (de que passam a desincumbir-se, como dissemos, técnicos muitas vezes desligados das empresas, como é o caso da ciência produzida nas universidades), como da capacidade de persuasão e pressão política dos chefes de empresa. Assim, no plano das relações dos grupos econômicos com o Estado, obter novos contratos governamentais e impelir o governo a estratégias que permitam a continuação da prosperidade tornam-se condições para a realização de lucros crescentes, e o controle da opinião pública, nas sociedades de massa, transforma-se em corolário necessário para o êxito capitalista: é preciso que a nação se veja representada no Estado e sinta as decisões deste como expressão de vontade coletiva, embora, de fato, o Estado continue a ser, nas resoluções fundamentais, instrumento da prosperidade dos capitalistas. Neste contexto compreende-se como a diferenciação das funções administrativas e a separação formal, em cada empresa, entre os administradores e os acionistas favoreceram as transformações em curso na prática empresarial. É óbvio que boa parcela das atividades tipicamente empresariais da fase do capitalismo concorrencial passou a ser exercida por técnicos e especialistas. Para isto a transformação decisiva não foi a autonomia relativa dos administradores (pois aquele processo decorreu do tamanho das empresas monopolísticas e oligopolísticas e da complicação crescente da técnica produtiva e da técnica dos mercados em grande escala), mas a complexidade das relações entre os vários grupos que operam em conexão com a empresa (acionistas, legisladores, administradores, financiadores, técnicos, funcionários estatais, consumidores). Esta teia complexa de relações acarretou novas funções criadoras, que exigem mais uma "visão global" do que o talento inventivo específico: a liderança empresarial redefiniu-se no jogo de influências junto à assembleia de acionistas, ou junto ao governo, nas composições entre grupos de burocratas das empresas, na habilidade de convencer a clientela, na persuasão das agências financiadoras para a obtenção de apoios entre grupos financeiros, nos problemas delicados de obter a sujeição dos técnicos – que, no limite, como mostrou Touraine,[38] encerram um elemento de desburocratização cujo equilíbrio com as exigências da "organização" há de ser obtido –, e assim por diante. Enfim, na economia moderna a complexidade das decisões ultrapassa a simples resolução sobre a "aquisição" dos meios necessários para a realização de um fim econômico, atingindo esferas do comportamento em que a capacidade de coordenação, de persuasão e de imposição políticas tornou-se fundamental.

Perguntaríamos a esta altura: transformou-se a "função empresarial" e modificaram-se os requisitos psicoculturais para exercê-la? Se a resposta for dada no plano abstrato, dir-se-á que as funções inovadoras são necessárias a qualquer economia de base técnica (inclusive não capitalista) e não mudaram. Entretanto, os empresários, enquanto categoria social concreta, só podem ser definidos em conexão com o conjunto de relações sociais que dão sentido à sua emergência na história. Desta forma, assim como Schumpeter escreveu que "Mill, o jovem, deixou de considerar a diferença entre o capitalista e o empreendedor, porque o industrial de cem anos atrás era ambos",[39] poder-se-ia dizer que Schumpeter não viu o empreendedor como "político", porque economia e política, em seu tempo, não eram tão claramente duas faces solidárias de um mesmo sistema de vida. Teria sido preciso discutir menos empiricamente as funções empresariais (quer dizer, considerando menos o empresário como pessoa, em si, isolado da relação essencial que a categoria empresarial mantinha com a produção capitalista) para perceber que fundamentalmente a "inovação" tinha sentido apenas quando gerava lucros, e teria sido necessário mostrar que uma estrutura econômica capaz de gerar lucros supõe relações de dominação e, portanto, políticas, para entender que na época do capitalismo concorrencial as funções dos empreendedores eram também "políticas".

O que se transformou no capitalismo contemporâneo foram exatamente as condições de produção do lucro, não o sistema de apropriação vigente nem as relações de exploração e dominação social. Por isso, na medida em que o empresário capitalista é peça do sistema (criador de novas condições para a valorização do capital), variaram suas técnicas e seus procedimentos de ação. Num sentido, novos "tipos de homem" são requeridos. Isto é, para o desempenho dos papéis atualmente necessários para a continuidade do sistema, são postos em prática novos canais de seleção das elites dirigentes dentro da camada proprietária e novas técnicas de socialização para o adestramento social do *"big business man"*. Operando numa sociedade em que a esfera racionalizada da vida social é crescente – onde, portanto, a regulamentação formal e espontânea substitui grandemente os riscos e o ajustamento automático do mercado concorrencial –, o empreendedor moderno cumpre duplamente a função de *inovar para obter lucros*. Mantém, nos moldes de criação possíveis, na era da planificação, o *élan* necessário para estar à frente dos concorrentes quando eles existem. Mas, principalmente, cria condições insuspeitadas para *influir* sobre a política econômica visando a assegurar a prosperidade capitalista em geral e reservar a maior porção dos contratos e privilégios governamentais para sua organização. Para a realização destas funções o empreendedor da era da produção em massa e da monopolização crescente detém as posições dominantes a partir das quais há o descortino dos momentos azados, das "fissuras da história", em que as informações sobre as possibilidades de novos lucros se antecipam às concretizações de quaisquer medidas que propiciam ou restringem as *chances* econômicas.

Porém as relações entre "condições de funcionamento do sistema econômico" e "atuação empresarial" não são estanques nem decorrem necessariamente uma da outra no desenvolvimento capitalista. O capitalismo contemporâneo existe através do conjunto de empreendedores capazes de inovar para realizar lucros nas condições atuais do mercado e da sociedade. Para realizá-los em medida crescente

– e este também é um imperativo do *sistema* – é preciso decidir em face de alternativas cambiantes que afetam todo o sistema (a empresa, o mercado, a sociedade), e portanto inovar. Mas a efetivação da inovação entrevista como *chance* vai depender, por sua vez, do domínio das posições-chave e da capacidade de controle das situações sociais de existência, de forma a poder transformar o propósito criador em ato. Tanto a sagacidade política dos dirigentes econômicos como as condições concretas para sua efetivação não são dados de antemão pelo capitalismo: constroem-se na história e, como todo processo histórico, são transitórios e têm limites.

Por fim, é preciso insistir em que não se pode conceber a *dinâmica* do capitalismo senão como a *dinâmica dos capitais*, mas o capital nada mais é do que a expressão de um modo de relação entre os homens. Neste "modo de relação", uma classe social "empreende", através de seus líderes, formas de combinar e dominar os homens e a natureza no processo produtivo. Para obter mais êxito nos empreendimentos – isto é, mais lucros – alguns *inovam*, seja realizando combinações novas, aumentando o domínio técnico sobre os fatores da produção, na era da economia concorrencial e do pensamento inventivo, seja arquitetando o domínio das posições-chave da sociedade pelas empresas, na época das grandes companhias e do pensamento ao nível da planificação. Em qualquer dos casos, a ação dos homens de empresa e a consciência que têm de seu papel não se relacionam com o "sistema capitalista" como a filosofia para Hegel se relaciona com a vida. Não surgem em cena como a filosofia que chega "com sua luz crepuscular a um mundo já a anoitecer, quando uma manifestação de vida está prestes a findar". Ao contrário, são a vida do capitalismo. O modo de empreender e a ideologia do empreendedor realizam e exprimem a produção, a distribuição e a acumulação, tal como são tornadas possíveis num dado momento do desenvolvimento social.

Os empreendedores numa economia subdesenvolvida

A perspectiva metodológica exposta nos tópicos anteriores leva-nos a considerar os empreendedores nas economias subdesenvolvidas de modo a evidenciar, a um tempo, as peculiaridades do processo econômico que explicam as diferenças no comportamento social e na mentalidade dos industriais que operam nas economias periféricas e as ações dos empreendedores que modificam o estágio de subdesenvolvimento da economia destas áreas.

Seria enganoso pretender transferir o esquema válido para a análise das formas de comportamento tipicamente empresariais das economias caracterizadas pelos monopólios e pela produção em massa para compreender a ação e a mentalidade dos empreendedores das áreas subdesenvolvidas. Não se pode esperar, por outro lado, que nestas últimas áreas o empreendedor repita, simplesmente, a história dos homens que fizeram o desenvolvimento do capitalismo no período clássico. Com efeito, o crescimento industrial das áreas subdesenvolvidas realiza-se numa época em que não só as condições do mercado internacional são diversas e balizadas pela ação dos monopólios e grandes companhias, como o padrão técnico da produção é imposto pela ciência e pela prática industrial das economias já desenvolvidas. As condições sociais e econômicas são, pois, diversas. "Economia de mercado", nos dias de hoje, é uma expressão que designa uma realidade muito diferente da que existia no período da formação do capitalismo. Mesmo que não estejamos, como é o caso do Brasil, lidando com economias socialistas, o mercado é largamente controlado pelo Estado, e o governo intervém como agente empresarial numa escala que torna discutível a expressão "economia de livre empresa".

Por todos estes motivos, os mecanismos de acumulação de capital, de obtenção de lucros, de investimento econômico e de utilização da capacidade empresarial redefiniram os empreendedores, nas economias subdesenvolvidas, como categoria social. Neste estudo pretende-se caracterizar as condições desta redefinição, tomando os empresários de algumas cidades brasileiras como caso concreto para análise.

Em nossas hipóteses fundamentais não mantivemos a esperança de encontrar uma distinção classificatória entre o "empreendedor brasileiro" e o padrão universal de homem de empresa. Não quisemos, pois, determinar diferenças específicas que permitissem distinguir famílias em gêneros e gêneros em espécies. Nem, muito menos, atribuímos à análise o objetivo de verificar até que ponto será necessário vencer o "atraso" do empreendedor brasileiro quando comparado com o padrão universal de "homem de empresa" para que o capitalismo siga seu "curso normal" no Brasil. Ao contrário, quisemos determinar as características do comportamento social dos industriais e a "mentalidade empresarial" existente, tentando defini-las como "totalidades singulares" que se constituíram a partir de condições específicas, que estruturam as possibilidades de ação e dão sentido aos projetos de realização econômica. Tais condições têm um ponto de partida histórico-social também singular com relação, por exemplo, ao que ocorreu na Europa e nos Estados Unidos no século XIX. Isto quer dizer que tentamos determinar, ao mesmo tempo, as dependências funcionais e significativas entre as "condições de mercado" e o tipo social de empreendedores existentes no Brasil e a gênese concreta destas duas variáveis fundamentais para a explicação da atividade empresarial.

É preciso salientar ainda que, em nossa tentativa de compreensão do processo de formação da camada empresarial no Brasil, nos propusemos a evitar dois equívocos que se vêm repetindo com muita persistência nas análises sobre a "sociedade brasileira". Em primeiro lugar, a tendência a considerar o "caso brasileiro" de industrialização e formação da sociedade industrial como um "evento singular discreto". É evidente que, cientificamente, nada justifica esta pretensão, muito menos a ideia que lhe é correlata de que há um "privilégio metodológico" natural que deve levar a sociologia elaborada no Brasil a concentrar seus estudos sobre a "realidade brasileira". Por trás desta atitude esconde-se um empirismo grosseiro que pretende ancorar o pensamento científico na "realidade palpável" que se apresenta à percepção como um dado bruto. Ora, o trabalho propriamente científico consiste exatamente em transpor os limites da percepção elementar das coisas para circunscrever os *dados* em categorias que os expliquem. Como categorias, não é na qualidade de *"empresário brasileiro"* ou de *"mercado brasileiro"* que as condições de funcionamento e de transformação do sistema produtivo podem perder a opacidade de que se revestem na aparência cotidiana de sua realização, para ganhar a transparência de relações necessárias inscritas e definidas num modo particular de produção social. Por isto, se visamos a delimitar em termos de *hic et nunc* a camada empresarial, e se nesta determinação não buscamos as diferenças específicas meramente formais que a distinguem, por exemplo, dos dirigentes de empresa tchecos, italianos, japoneses, soviéticos, norte-americanos ou cubanos, nem por isso deixamos de ter presente, implicitamente, que a camada industrial no Brasil concretiza um modo de organização da produção cujas características essenciais estão definidas por um jogo complexo de determinações gerais e particulares. Neste jogo, "capitalismo moderno", "imperialismo", "sociedades industrializadas", "sociedades agrárias tradicionais", "países desenvolvidos", "regiões subdesenvolvidas", por um lado, e, por outro, as tensões entre países de economia socialista planificada e países com economia monopolística ou de livre empresa definem as condições de possibilidade de organização da produção.

Em segundo lugar, tentamos evitar a falácia, também corrente, de escamotear nas análises e interpretações da realidade o que haja de problemático. Assim, a formação da ordem capitalista-industrial no Brasil – processo em curso – não foi vista como "tendência inexorável". Ao contrário, sublinhamos sempre, nas interpretações gerais, que a vida social é tensão e que o "curso das coisas" só existe como passado, pois o presente não se "resolve" necessariamente num futuro já contido na realidade, mas se redefine nas opções concretas que podem apontar caminhos diferentes, muitas vezes ambíguos, que só se tornam unívocos depois de percorridos. Enquanto matriz de um futuro, o presente é ao mesmo tempo a Bela e a Fera, ambas facetas do mesmo cimento do real que, pela ação coletiva dos homens em situações determinadas de existência social, cria a História. Neste sentido, o futuro é invenção humana, e como tal, antes de ser historiografia, deve ser entendido: a garantia final de êxito de um caminho entrevisto dependerá sempre da ação humana coletiva, que pode falhar.

No esforço de explicar o processo de formação da ordem industrial-capitalista no Brasil, visto pelo prisma da constituição da camada empresarial, tentamos compreender a ação empresarial tanto como resultado de uma *estrutura* determinada do mercado e da sociedade quanto como variável que interfere na *gênese* deste mesmo mercado e sociedade. Não obstante, descartamos de nossas preocupações hipóteses que nos levariam a compreender a dinâmica da passagem de uma sociedade agrária tradicional para uma sociedade industrial-moderna em termos da transplantação de técnicas e soluções das sociedades "já industrializadas" que teriam o condão de provocar uma reação em cadeia no sistema tradicional de produção já constituído no Brasil. Não só as hipóteses deste tipo implicam uma larga margem de mecanicismo, como contrariam os fatos: a redefinição das formas de comportamento dos *managers* das filiais de companhias internacionais com sede no Brasil ilustra a necessidade de revisão das expectativas e alternativas de ação econômica deste tipo de dirigentes para que possam atuar criativamente no meio brasileiro em benefício das empresas que representam. Deste ponto de vista, os mecanismos de formação dos preços nas economias subdesenvolvidas ou as técnicas de obtenção de capitais, por exemplo, podem *explicar* algumas práticas empregadas pelos industriais brasileiros que, julgadas pelo prisma do "capitalismo ortodoxo", seriam "irracionais". Não reside neste ponto, contudo, a crítica fundamental a este tipo de análise mecânica do *take--off*. O problema básico consiste em verificar sociologicamente como se deflagrou a industrialização. E a resposta a esta indagação (que constituirá os capítulos subsequentes) não deve ser dada no nível puramente técnico-adaptativo da ação empresarial.

Com efeito, neste plano, acabar-se-ia supondo que as "condições exteriores da ação empresarial" instigam os empresários a descobrir mecanismos econômicos de defesa e reação que salvaguardam os lucros empresariais. Noutros termos: a dinâmica da passagem da situação tradicional pré-industrial para a moderna produção capitalista acabaria sendo procurada em "fatores econômicos", do tipo, por exemplo, "ampliação do mercado", diante dos quais os projetos sociais de desenvolvimento apareceriam como meros reflexos. Por outro lado, tentar responder a esta indagação no nível das motivações dos empresários e no nível da mentalidade empresarial moderna, desligada de uma análise das condições de inserção da camada empresarial na sociedade brasileira, equivale a recolocar a resposta nos termos acima criticados: ou aceitamos que o empreendedor é o demiurgo ou fazemos destes atributos (motivação capitalista, mentalidade técnico-racional) decorrência de "estímulos externos", quer tenham sido gerados no próprio sistema econômico nacional, quer tenham sido importados do exterior através de empresas estrangeiras e do adestramento de empreendedores nacionais. A inconsistência flagrante das duas hipóteses obriga-nos à discussão no capítulo subsequente das condições sociais do impulso de desenvolvimento industrial.

Por outro lado, quaisquer que tenham sido as forças sociais que impulsionaram a industrialização do Brasil, a determinação de *como* se imprimiu continuidade a este processo, visto a um tempo do ângulo sociológico e econômico, precisa completar-se pela análise das características sociais da camada empresarial brasileira, uma vez que a industrialização se processou em termos do sistema capitalista de organização econômica, no qual os empreendedores exercem parte do impulso dinâmico no sistema produtivo. Neste passo, como se verá no capítulo 3, impõe-se a análise das condições específicas de transformação das técnicas empresariais e das modificações do que, no capítulo 4, chamaremos de "mentalidade empresarial". É um dado da experiência comum que, enquanto alguns industriais se apegam à rotina, outros, ainda que respeitando as condições sociais e econômicas que orientam as possibilidades de obter lucro e ter êxito nas economias pouco desenvolvidas, procuram reinvestir e reorganizar as empresas, fixando sempre novos alvos econômicos. Também nestes capítulos o problema não consistirá em caracterizar abstratamente *inovação* e *rotina*, mas circunscrever nas condições concretas da sociedade e da economia brasileiras as possibilidades de *passagem* do estágio pré-industrial de organização social da economia para o estágio industrial-moderno de produção e de ação econômico-social. A oposição rotina-inovação, que formalmente permite a clivagem dos tipos de industriais, redefinir-se-á nas condições concretas de existência que o meio social brasileiro apresenta, permitindo um matizamento mais rico das possibilidades de *ser* socialmente definidas para a camada industrial brasileira.

Por fim, no capítulo 5 retomaremos algumas considerações do capítulo 2 para sistematizar a análise das características sociais da camada empresarial e tentaremos ver a imagem que de si mesmos formam os empreendedores e o grau de consciência que têm do industrial e da modernização do Brasil. Neste capítulo, que cuidará especificamente das ideologias dessa camada, ver-se-á como se delineiam nos vários grupos de industriais as alternativas de futuro para o país e determinar-se-ão as formas de consciência social que alcançam para explicar o papel que exercem na sociedade brasileira.

NOTAS

1. Dahrendorf, 1959: 302.
2. Bendix, 1956: cap. V.
3. Bendix, 1956: 13.
4. Keynes, 1935: cap. XII.
5. Schumpeter, 1961: 97-98; 1ª edição em 1911.
6. Schumpeter, 1961: 127.
7. Schumpeter, 1961: 103.
8. Schumpeter, 1961: 113.
9. Harbison e Myers, 1959: 18.
10. Schumpeter, 1961: 112.
11. Sombart, 1946: 25.
12. Sombart, 1946: 26.
13. Schumpeter, 1961: 118.
14. Harbison e Myers 1959: cap. I.
15. Harbison e Myers, 1959: 18.
16. Sombart, 1946: 32-33; 1ª edição em 1902.
17. Sombart, 1946: 29.
18. Mannheim, 1942: 136.
19. Mannheim, 1942: 139-140.
20. Mannheim, 1942: 135.
21. Berle, 1959: 59-69.
22. Cf. Joseph M. Gillman, 1961, e Maurice Dobb, 1961.
23. Cf. *The Distribution of Ownership in the 200 Largest Non-financial Corporations.*
24. Sweezy, 1962: 44-45; 1ª edição em 1953.
25. Mills, 1962: 151; edição original de 1956.
26. Strachey, 1954: cap. VIII.
27. Strachey, 1956: cap. X.

28. Cf. Baran e Sweezy, 1962.
29. Mills, 1962: 160.
30. Mills, 1962: 165.
31. Strachey, 1956: 208.
32. Ver Baran, 1960: 100 ss.
33. Schumpeter, 1952: 124.
34. Schumpeter, 1952: 34.
35. Trentin, 1962: 8.
36. Trentin, 1962: 31.
37. Cf. Baran, 1960: cap. III.
38. Touraine, 1961: 420 ss.
39. Schumpeter, 1911: 106.

CAPÍTULO II Desenvolvimento econômico e camada empresarial

Os esquemas abstratos de análise que dominam as ciências sociais penetraram nos estudos sobre o "processo de desenvolvimento" e na explicação da formação das sociedades industriais. A começar pela própria noção de "desenvolvimento", já em si ambígua, as análises da passagem das sociedades agrárias tradicionais para as sociedades modernas vêm sendo feitas a partir de enfoques baseados em critérios que, num plano, distanciam a análise econômica das condições sociais do desenvolvimento e, noutro plano, veem apenas as forças sociais que desencadeiam o processo de industrialização, minimizando a importância da "estrutura do sistema produtivo". Assim, ora a mudança social aparece como o resultado de um mecanismo em que "fatores" econômicos determinados operam para produzir um "resultado" econômico, sem referência às modificações que se verificam nas relações entre os homens e nos projetos de ação coletiva, ora o "arranco" para a modernização da economia passa a ser o resultado da interferência de motivos psicossociais num conjunto de homens que exercem o papel de "elite dirigente" e assumem os riscos da aventura do futuro tentando imprimir a toda a sociedade a marca peculiar dos desígnios do grupo social particular a que pertencem.

Parece pois que a antiga imagem dos empreendedores schumpeterianos como dinamizadores do real foi reduzida a um dos tipos possíveis de impulso do processo de desenvolvimento econômico e que as novas elites dirigentes operam com variáveis ou fatores que são neutros quanto ao destino final da sociedade contemporânea: nesta interpretação, a industrialização não é uma deusa bifronte, mas tem seu caminho tão fatidicamente traçado na história moderna como as personagens na tragédia grega.

Vejamos mais detidamente alguns exemplos desta forma de análise, em geral e no que se refere ao Brasil, e tentemos, depois, apresentar uma solução alternativa para a compreensão sociológica da industrialização brasileira.

Análises do desenvolvimento

A *industrialização por etapas*

As análises de Rostow exemplificam bem o tipo de abordagem anteriormente indicado em que o processo de desenvolvimento econômico é concebido como um conjunto de "mudanças de estado". Cada etapa do desenvolvimento social caracteriza-se pela maneira como as comunidades utilizam os recursos econômicos, naturais ou criados, para mover-se de uma situação de relativa estagnação para uma situação de dinamismo. A transição é impulsionada por um mecanismo complexo, mas consiste basicamente numa operação econômica simples:

> [...] podemos concluir concordando em que, afinal, a essência da transição pode ser legitimamente descrita como um aumento da taxa de investimento até um nível que regular, substancial e perceptivelmente ultrapasse o crescimento demográfico. Não quer isso dizer, todavia, que o aumento da taxa de investimento seja uma causa final.[1]

Num enunciado deste tipo o processo social concreto de transformação de um padrão societário noutro sofre uma dupla redução: por um lado se abstrai, isto é, anula-se, a análise estrutural do sistema produtivo, e por outro lado eliminam-se as diferenças entre as formas possíveis de reintegração dos sistemas produtivos em tipos particulares de sociedades globais. Noutros termos, o "desenvolvimento econômico" passa a ser medido por *índices* que apontam relações entre duas variáveis, uma morfológica (crescimento da população), outra econômica (taxa de investimento), ambas abstratas no sentido de que não exprimem as *formas de ser* que socialmente as vinculam e regulam suas maneiras de existir.

Assim, a Venezuela ou o Kuwait, por exemplo, acabam por apresentar altas taxas de desenvolvimento, não obstante, como é sabido, serem países onde a maioria da população vive em níveis infra-humanos de existência e onde os núcleos dinâmicos dependem diretamente do exterior. Correlatamente, na segunda redução suposta pelo método de encarar as transformações sociais através do aumento da taxa de investimento, é pouco significativa a diferença existente, por exemplo, entre a industrialização da Tchecoslováquia, numa economia socialista, e a da Itália, numa economia capitalista: formalmente há similitude suficiente para medir o grau de mudança no sistema produtivo destes dois países de maneira a colocá-los em um mesmo estágio de desenvolvimento econômico.

O passo metodológico subsequente neste tipo de análise do desenvolvimento é a construção de um contínuo que varia da sociedade tradicional à era do consumo em massa. Na realidade, o próprio conceito de "sociedade tradicional" poderá ser substituído pelo de "economia relativamente estagnada", pois, na definição de Rostow, "sociedade tradicional é aquela que se expande dentro de funções de produção limitadas",[2] e os limites são de ordem técnica e econômica:

> O fato central, contudo, no que toca à sociedade tradicional, era que existia um teto no nível alcançável do volume de produção per capita. Esse teto se originava do fato de as potencialidades inerentes à ciência e à tecnologia modernas não estarem ainda disponíveis ou não serem regular e sistematicamente aplicadas.[3]

A despolitização da mudança social é total neste texto, e a ideia de "*sociedade* tradicional" não se justifica diante do economicismo de que está imbuído.

Na análise das fases de transição reaparece a preocupação com as forças impulsionadoras do desenvolvimento. Substitui-se, então, a caracterização abstrata das etapas do desenvolvimento por uma análise, que pretende ser dinâmica, em que o "motor da história" parece ser o resultado do encontro feliz de duas ordens de fatores: recursos naturais favoráveis à industrialização mais ciência moderna e objetivos sociais capazes de motivar a ação modificadora dos homens (dignidade nacional, lucro privado, bem-estar geral, vida melhor para os filhos). A conjunção favorável destes fatores cria as precondições para o "arranco" econômico, entendido como a generalização do aumento da produtividade, que cresce em progressão geométrica graças à tecnologia científica e à intensificação dos investimentos. A partir do "arranco", passados alguns anos, a economia atinge uma fase de "maturidade" que se define essencialmente como "a etapa em que a economia demonstra capacidade de avançar para além das indústrias que inicialmente lhe impeliram o arranco e para absorver e aplicar eficazmente num campo bem amplo de seus recursos senão a todos eles os frutos mais adiantados da tecnologia (então) moderna".[4]

Da etapa do amadurecimento para a era do consumo em massa a diferença consiste na transferência da liderança do desenvolvimento para o setor dos serviços e dos produtos duráveis de consumo. Nesta etapa a renda real *per capita* supera as necessidades de consumo da maioria da população e se modifica a estrutura de emprego: a produção da população urbana aumenta com relação ao total, assim como aumentam os empregos especializados e as funções de escritório.

Entretanto, na análise da "etapa de transição" Rostow não deixa de considerar algumas condições histórico-sociais concretas que diferenciam a passagem da sociedade tradicional para a sociedade moderna. Com efeito, haveria dois momentos diversos no caminho da modernização: a formação das precondições para o desenvolvimento e o *arranco* propriamente dito. No primeiro momento há duas modalidades históricas básicas. Na primeira, que é o caso geral, "a criação das precondições para o arranco exigiu modificações fundamentais em uma sociedade tradicional bem estabelecida: transformações que afetaram, e alteraram profundamente, a estrutura social e o sistema político, assim como as técnicas de produção".[5]

Na segunda modalidade, as nações onde se processou o arranco "nasceram livres", como os Estados Unidos, a Austrália, a Nova Zelândia, o Canadá e poucas mais: "nunca se viram tão seriamente enredados nas estruturas, políticas e valores da sociedade tradicional; e, portanto, o processo de sua transição para o desenvolvimento moderno foi mormente econômico e técnico."[6]

Além disso, as precondições para o desenvolvimento não se resumem à formação num dado país de potencialidades econômicas novas. Por certo – e a análise de Rostow é neste passo sucinta e consistente – é preciso desenvolver as fontes do que o autor chama de "capital produtivo" (basicamente, em sua concepção, é preciso aumentar a produtividade da agricultura e das indústrias extrativas para: 1. Proporcionar mais gêneros alimentícios; 2. Aumentar a receita fiscal e obter divisas com a exportação; 3. Ceder parte da renda para o setor moderno da economia), e de "capital social fixo", sob a forma de meios de comunicação e transporte. Mas, entre as precondições, estão algumas "mudanças não econômicas", dentre as quais sobressaem a formação de uma nova elite dirigente e a capacidade governamental para

> [...] organizar a nação de maneira tal que se formem mercados comerciais unificados [... para] criar e conservar um sistema tributário e fiscal que desvia recursos para empregos modernos, se necessário à custa dos antigos rentiers [... para] abrir caminho através de todo o espectro das diretrizes da política nacional – desde as tarifas até a educação e a saúde pública – para a modernização da economia e da sociedade de que fazem parte.[7]

De forma análoga, na análise do processo de arranco, Rostow não se limita aos aspectos econômicos, como poder-se-ia supor tendo em vista a definição de desenvolvimento que apresenta. Assim, escreve:

> [...] o início do arranco pode ser geralmente atribuído a um determinado estímulo bem definido. Pode ele revestir a forma de uma revolução política que afete diretamente o equilíbrio de poder social e dos valores reais, o caráter das instituições econômicas, a distribuição da renda, o padrão de gastos, com investimentos e a proporção de inovações potenciais deveras aplicados.[8]

Ademais, não só o *impulso* inicial pode partir de "fatores sociais" como a própria caracterização da etapa de arranco inclui, além do aumento da taxa de investimento bruto de 5% para 10% do PNL e do desenvolvimento de um ou mais setores manufatureiros básicos, um componente extraeconômico: "a existência ou a rápida eclosão de um arcabouço político, social e institucional que aproveite os impulsos expansionistas do setor moderno e os efeitos potenciais das economias externas do arranco e imprima ao desenvolvimento um caráter constante."[9]

Por isso, para a análise das etapas de desenvolvimento, a elite dirigente aparece como um fator importante: dela se espera a dinamização do sistema produtivo e da sociedade. Noutros termos, algum grupo há de desempenhar o papel que os protestantes guiados pela ética calvinista exerceram na formação do capitalismo europeu. Não se deve limitar à esfera das motivações de lucro, é verdade, o *élan* que permitirá a galvanização das forças modernizadoras da sociedade: "o critério de máximos lucros privados nem sempre coincide com os critérios de uma taxa e padrões ótimos de desenvolvimento nos vários setores."[10] Deve surgir, porém, "um grupo vitorioso que se porte como se fora impelido pela motivação do lucro, numa economia dinâmica com funções de produção sempre mutáveis",[11] ainda que os principais empreendimentos de capital social fixo tenham sido gerados pela iniciativa estatal, inclusive através de subsídios.

Deixemos de lado a crítica tentadora, mas fácil, que consistiria em mostrar que o próprio padrão de racionalidade pressuposto por Rostow exprime um modo particular de realização da produção, que é o sistema capitalista (o texto acima, em que a ação modificadora do equilíbrio tradicional deve ser impelida por um motivo que faça as vezes do *lucro*, não deixa margem para muitas dúvidas quanto a isto...), para concentrar a atenção no procedimento metodológico suposto neste tipo de análise. Basicamente a "transição" e o "arranco" são vistos como o resultado da combinação de fatores econômicos e fatores extraeconômicos cuja *differentia specifica* se mede pela relação taxa de investimento/crescimento demográfico, embora sua gênese dependa de outras variáveis. Como não há referências sistemáticas ao contexto de significações sociais e à estrutura particular da sociedade e do sistema produtivo das áreas que sofreram o processo de arranco, tanto a noção de "sociedade tradicional" como a de "sociedade moderna" se aplicam a um sem-número de tipos de formações sociais concretas. O contínuo que define a relação entre os dois polos é não apenas classificatório (o que em si mesmo não é criticável) como arbitrário: o *genus proximum* é "constituído" pela escolha aleatória de variáveis (aumento de 5% para 10% do PNL como taxa de investimento bruto, ou "modificação da estrutura de consumo" na era do consumo em massa etc.) cuja diversidade estabelece as diferenças entre as economias.

Para explicar a dinâmica de uma etapa para outra é que intervêm as variáveis não econômicas. Fazem-no, entretanto, como "requisitos" para a produção de um dado efeito – a "modernização" – já contido, aliás, no esquema geral do contínuo. Apenas incidentalmente, como na análise do "nacionalismo", há referência à estrutura de dominação e à competição no mercado internacional. Mesmo neste caso, o "nacionalismo econômico" entra como um sucedâneo de motivações do tipo "ética calvinista" que são necessárias para impelir o grupo dirigente no sentido da modernização. Isto é, a luta pela independência nacional opera como um pré-requisito do desenvolvimento *que pode ser substituído por qualquer outro tipo* de motivação. Não há qualquer relação de necessidade entre um determinado estímulo e um resultado particular no sistema produtivo. Qualquer estímulo resulta na "modernização", e, como a análise recai sobre as fases desse processo, os tipos de impulso entram na interpretação como um mal necessário: suposto um Deus sem intenção definida, ter-se-ia já o mundo; as leis que o presidem não decorreriam da natureza da divindade, mas da força incoercível da criatura.

Assim, a análise não é tipológica no sentido weberiano, pois a ideia de *genus proximum, differentia specifica* impede a definição de contextos significativos e a arbitrariedade do esquema não está ancorada na ideia de probabilidade objetiva; também não é estrutural, pois não se evidenciam as relações necessárias entre as variáveis que definem a estrutura das etapas do desenvolvimento; e tampouco é marxista, pois o livro é uma "resposta a Marx": o método de Rostow soma, ao empirismo da "prova", que consiste na escolha de exemplos, um pseudoformalismo descritivo (que parece ser o esforço teórico máximo a que as análises deste tipo têm chegado como reverso do empirismo em que, ao rigor do encadeamento das proposições, substitui-se a justaposição de variáveis abstratas).

Industrialização como sistema

Como coroamento da mesma modalidade de esforço para explicar a formação das sociedades industriais modernas, os trabalhos sobre o mecanismo de funcionamento e estabilização do "sistema industrial" de vida se propõem estabelecer uma tipologia destas sociedades. O exemplo mais conspícuo e talvez o mais bem realizado dessas análises é o trabalho coletivo organizado pelo Inter-University Study of Labor Problems in Economic Development. Tomemos os resultados gerais das pesquisas efetuadas, que estão contidas em *Management in the Industrial World* (1959) e *Industrialism and Industrial Man* (1962).[12] Nestas investigações, a problemática central, ao contrário do estudo de Rostow em que as condições naturais, econômicas e demográficas constituem a preocupação dominante, concentra-se sobre o "fator humano" visto sociologicamente. Como abordagem metodológica os autores partem da existência de *requisitos universais* que se manifestam em qualquer sociedade industrial e que produzem um tipo novo de homem:

> [...] o novo homem industrializado é mais educado, goza de melhor saúde, vive mais tempo e tem maior lazer do que os membros das sociedades tradicionais. Seu nível de vida é materialmente superior, e ele, impaciente para realizar as expectativas crescentes sempre criadas na sociedade industrializada.[13]

Haveria uma "lógica do industrialismo" que asseguraria traços comuns ao curso e aos efeitos da transição das sociedades tradicionais para as sociedades industriais. Basicamente os padrões universais do industrialismo decorrem do caráter dos métodos de produção e distribuição que são postos em prática na civilização industrial, e que são regulados pela ciência e pela técnica: "As mudanças contínuas na ciência e os métodos de tecnologia e produção inerentes à industrialização acarretam um número decisivo de consequências para os trabalhadores, para os administradores, para o Estado e para suas inter-relações."[14]

Dentre os resultados comuns ocasionados pelo sistema produtivo industrial em qualquer sociedade, há, então, no que se refere aos trabalhadores: 1. Variedade de especialização e abundância de profissionais competentes; 2. Mobilidade social e sociedade aberta, em função das mudanças contínuas no sistema produtivo; 3. Formação de sistemas de educação funcionalmente relacionados com os imperativos da tecnologia moderna, capazes de incrementar o nível geral de instrução escolarizada; 4. Diferenciação acentuada da estrutura da força de trabalho. No que diz respeito ao conjunto da sociedade, o industrialismo impõe: 1. Urbanização crescente; 2. Ação em larga escala dos governos; 3. A formação de um conjunto de regras que regulam as relações entre administradores e administrados. Do modo de ser da sociedade industrial resulta um *consensus* alargado quanto aos valores básicos da civilização industrial, a saber: 1. Respeito à técnica e à ciência; 2. A democratização da educação; 3. A generalização do "efeito de demonstração" que permite a expectativa constante de viver conforme os padrões mais elevados de existência; 4. O culto do trabalho. Como resultado da formação das sociedades industriais há a solução dos "problemas de população" e a criação de uma espécie de "um mundo só" ("*The industrial society is an integrated world, to use Myrdal's phrase*", dizem os autores) cuja unidade advém do fato de que a ciência e a técnica não têm fronteiras nacionais.

Entretanto, à unidade garantida pela técnica moderna de produção, comum a qualquer sociedade industrial, opõe-se a diversidade das estratégias das elites dirigentes e a particularidade das culturas das diferentes sociedades tradicionais. O processo de industrialização implica, como se verifica pelas características comuns a todas as sociedades industriais, a transformação das antigas culturas. Estas são afetadas em cinco setores fundamentais: 1. O sistema familiar; 2. A estrutura de classe e de raça; 3. As valorizações éticas e religiosas; 4. A ordenação jurídica; 5. O conceito de Estado-Nação. As culturas tradicionais ou preexistentes limitam o processo de industrialização, embora não constituam óbices intransponíveis. Afetam o tipo de orientação que as elites dirigentes podem imprimir à marcha para a industrialização, atingem o ritmo do processo de mudança e, finalmente, interferem no tipo de reação às alterações e nos mecanismos pelos quais se processam as transformações (cf. capítulo 4).

Vê-se que na concepção destes autores existem dois fatores que condicionam o processo de industrialização: as necessidades imperativas e universais do "tipo de produção" e, numa acepção suficientemente larga de cultura para abranger a estrutura social e jurídica, as resistências opostas pela cultura tradicional. Como mediação entre as forças universalísticas representadas pela ciência e pela técnica e as resistências particularistas oferecidas pelas culturas tradicionais, surgem as *elites dirigentes* com suas estratégias alternativas (capítulo 3). Para substituir a antiga ideia de que a industrialização decorre da ação empresarial que opera no nível do mercado, os autores propõem cinco tipos de grupos capazes de compelir o processo de mudança, cada um dos quais motivado por estímulos e valores distintos e, até certo ponto, visando a atingir resultados diferentes no que diz respeito à forma da sociedade, mas produzindo realmente, todos, um *brave new world* domesticado e rotinizado, sem encantos mas sem perigos: a Sociedade Industrial de Massas. Os cinco tipos de elites dirigentes capazes de impulsionar a industrialização seriam:

1. Elites dinásticas;
2. As classes médias;
3. Os intelectuais revolucionários;
4. Os administradores coloniais;
5. Os líderes nacionalistas.

Cada um destes tipos de elite desenvolve uma estratégia pela qual pretende moldar a sociedade do futuro de uma forma consistente e compatível com os ideais que se propõem. Os administradores coloniais, porém, constituem um tipo transitório de elite criadora, pois não têm em suas posições e em sua visão do mundo possibilidades de desenvolver formas culturais persistentes. Os cinco grupos dirigentes que constituem os tipos básicos de "motores" do processo de industrialização variam entre si numa série de objetivos, modos de agir e modos de relacionar-se com os outros grupos sociais. Contudo, na medida em que a "lógica do industrialismo" impõe o preenchimento de certas condições para que o processo siga seu curso normal, provoca resultados semelhantes no que se refere à criação do *consensus* característico das sociedades industriais e às transformações no estilo de vida dos povos que as integram. Desta sorte, as estratégias particulares das várias elites acabam por produzir o Sistema Industrial, que redefine as aspirações dos homens que o criaram.

Neste tipo de explicação do processo de mudança das sociedades tradicionais para as sociedades industriais reaparece sob outra feição o "esquematismo abstrato" que apontamos em Rostow: não são "fatores" que operam cegamente sobre condições dadas, mas, aparentemente, são os desígnios humanos que se apresentam *em si mesmos*, isto é, sem a análise das condições em que operam, como móvel da história. Ao contínuo das etapas, sucede uma dualidade mais simples de "situações de existência" (sociedade tradicional, sociedade industrial) cuja "passagem" depende das elites dirigentes. Além disso, não apenas as elites são arbitrariamente selecionadas (por que não distinguir, por exemplo, *tipos* de nacionalismo, ou, entre os "intelectuais revolucionários", os de extração e orientação "aristocrática" dos "populistas" e assim por diante?) como nada têm a ver com o destino final do sistema que impulsionam: na verdade, sob a máscara da diversidade de estratégias e da variabilidade das culturas, a mola do processo de industrialização é, de fato, a tecnologia científica moderna, que imprime mais que a lógica a "ontologia do sistema".

Portanto, se este tipo de abordagem é mais rico em face do primeiro aqui discutido no que diz respeito à integração da estratégia dos grupos que estão em fase de industrialização na análise da dinâmica social, é mais pobre no que se refere às condições da industrialização, compartilhando ambos da falácia de isolar um aspecto do processo de mudança social do outro. Evidentemente os autores têm consciência de que o processo de crescimento industrial e a modernização da sociedade dependem de condições econômicas e políticas dadas e criadas pelos homens. Apenas supõem que no tipo de análise que fazem é possível abstrair estas condições para interessar-se pelos "padrões universais do sistema industrial de produção" e pelas forças sociais que desencadeiam o processo de industrialização, como se estas independessem das formas concretas de dominação social vigentes e das relações econômicas entre os povos. Mais uma vez o garante teórico desta redução é na verdade a concepção subjacente a toda análise: os motivos e os propósitos sociais dos grupos que desencadeiam a industrialização entram no esquema de interpretação com muita ênfase mas como "requisitos", necessários porém substituíveis (daí os vários tipos de orientação possíveis), e independentes do processo que realmente imprime dinamismo à história (que no pensamento destes autores é a produção racional, de base científica), e por isto mesmo inócuos para os resultados da ação que desencadeiam.

Tanto esta interpretação é verdadeira que, no capítulo final de *Industrialism and Industrial Man*, depois da análise sucinta de alguns fatores particulares que explicam a diferenciação entre as elites dirigentes (a sociedade preexistente, as contingências geográficas, o estágio histórico de cada sociedade e os acidentes da história), e depois de discutir os fatores de diversidade dos sistemas industriais (onde há referências aos estágios do desenvolvimento como fonte de diversidade), os autores chegam a uma "concepção dinâmica" das sociedades industriais em que o dinamismo é dado pela luta entre atributos também universais da condição humana, que impelem para a diversidade, e a uniformidade crescente imposta pela tecnologia:

> O industrialismo pluralista jamais atingirá um equilíbrio final. O embate entre as forças de uniformização e de diversificação dar-lhe-ão vida, movimento e mudança. É um embate que nunca atingirá uma solução final. Outra batalha eterna existirá entre o dirigente (*manager*) e os dirigidos (*managed*) ao longo de todas as hierarquias que marcarão o mundo; pequenas batalhas silenciosas mas frequentemente desesperadas serão travadas em todo o cenário social. Os temas da uniformidade e da diversidade, de dirigentes e dirigidos, que marcam o mundo de hoje, o caracterizarão também no futuro. Existirão constantes ajustamentos entre esses temas eternamente em conflito, mas nenhuma estabilização permanente. Constituirão eles as linhas perenes da história: a uniformidade que deriva da tecnologia e a diversidade que deriva da individualidade; a autoridade que emana dos dirigentes e a rebelião, embora muda, que emana dos dirigidos. Essas linhas de conflito continuarão quando a guerra de classes e a contenda entre a iniciativa privada e a pública, e a batalha entre as ideologias monistas e atomistas já tiverem sido deixadas para trás, nas camadas sedimentares da história.[15]

As oposições entre grupos nas sociedades industriais serão "naturais" e não "sociais": dominados e dominadores transformam-se em administradores e administrados, como se estas duas categorias exprimissem modos de ser inerentes a "tipos naturais de homens"; e, por fim, a "grande oposição" subsiste apenas entre a máquina que uniformiza e o homem que distingue. Entretanto, na nova sociedade, não existirá a problemática da alienação, nem na forma rudimentar em que o homem enfrenta a máquina, independentemente das condições sociais e da estrutura que os insere num contexto econômico e social determinado. De fato, na sociedade industrial, embora os autores advirtam que *utopia never arrives*:

> O mundo será pela primeira vez um mundo totalmente letrado (alfabetizado). Será a sociedade da organização (*organization society*), mas não necessita ser povoada por "homens da organização" (*organization men*) cujas vidas são totalmente regradas por seus papéis ocupacionais.

O sonho juvenil de Marx concretizar-se-á no melhor dos mundos, obtido por vários caminhos, entre os quais o entrevisto por Marx – a luta de classes –, que terá sido, contudo, o mais penoso entre os possíveis. O domínio de classes e o domínio entre as nações serão desfeitos com o sopro da "lógica do industrialismo", e a relação administradores-administrados terá uma significação politicamente neutra na civilização da abundância em que hoje alguém será pescador, amanhã caçador, realizando, longe da compulsão dos *status* profissionais, a essência do Homem, que será talvez o *Homo ludens*. Para atingir tais grandezas, a estratégia variável das elites dirigentes será *as propre dupe* conduzida pelo fio de Ariadne da lógica do industrialismo.

Modelos e história

É inegável que as formulações correntes sobre o processo de desenvolvimento, do tipo das que apresentamos acima, retêm algo de verdadeiro e, talvez por isso, exercem certo fascínio na orientação dos cientistas sociais: a expansão crescente da indústria e as modificações na estrutura das sociedades industriais reavivam a ideia da possibilidade de generalização da civilização industrial. Por outro lado, os teóricos não marxistas do "desenvolvimento", inclusive Schumpeter, haviam limitado o "arranco" e a continuidade do processo de industrialização à esfera econômica da vida social e tinham restringido a uma classe ou a um tipo de função social no interior desta classe a possibilidade de impulsionar a sociedade no sentido da industrialização: a burguesia e os empreendedores resumiam em sua história a saga da civilização capitalista industrial, de cujas cinzas o proletariado surgiria, talvez, como herdeiro da possibilidade de levar avante a produção moderna. Nas condições presentes do mundo a ideia das etapas necessárias para reviver as "classes" e os "tipos de homem" capazes de repetir nos "países em desenvolvimento" a história do capitalismo ocidental parece ter sido definitivamente afastada: há caminhos do subdesenvolvimento para o desenvolvimento que não passam pelo capitalismo. Sendo assim, desfeitos os liames de fato entre burguesia – empreendedores – e desenvolvimento industrial, a versão caleidoscópica do processo de mudança social pode ter curso mais fácil: de subsistentes só as pedras, representadas pela tecnologia científica, e o foco de projeção no qual se estruturam as combinações múltiplas, representado pela ideia de "civilização industrial".

O próprio Schumpeter, em face das transformações da economia capitalista moderna, anuiu com o fim da burguesia e dos empreendedores. No mercado dominado pelas companhias gigantes, o capitalismo daria origem, paulatinamente, à civilização socialista. Terminaria assim o sistema da livre empresa numa morte técnica e não política, mas definitiva, que permitirá a realização íntegra da "civilização industrial":

> Para resumir esta parte de nossa tese: se a evolução capitalista – o "progresso" – deixa de existir ou se automatiza por completo, a base econômica da burguesia industrial se *reduzirá definitivamente a salários análogos aos que se pagam pelo trabalho administrativo corrente, com exceção dos resíduos das quase rendas e lucros monopoloides, que é de esperar que se prolonguem, ainda que decrescendo, durante algum tempo. Como a empresa capitalista tende, em virtude de suas próprias qualidades, a automatizar o progresso, concluímos disto que tende a fazer de si própria supérflua, a saltar em pedaços diante de seu próprio êxito.*

A unidade industrial gigante, perfeitamente burocratizada, não somente desaloja a empresa média e pequena, e "expropria" seus proprietários, mas termina também por desalojar o empresário e por expropriar a burguesia como classe, que neste processo está em perigo de perder não apenas sua renda, mas também, o que é infinitamente mais importante, sua função.[16]

A história e a reflexão sociológica, entretanto, não andam necessariamente *pari passu*. As modificações previstas nem sempre ocorreram, pelo menos na forma esperada. Diante da multiplicidade do real, parece que o recurso interpretativo utilizado tem sido, cada vez mais, a construção de modelos abstratos capazes de reter variáveis simples e universais que, por estas mesmas qualidades, suportam a prova da história: de "redução" em "redução" as teorias da transição aproximaram-se do inefável da sociologia sistemática, explicando com ela processos diferenciais que, por sua natureza, são histórico-sociais. Como resultado eliminou-se pouco a pouco, além da preocupação com os "porquês", a preocupação com a "natureza" dos processos sociais para reter-se o "como" das combinações possíveis entre variáveis abstratas. Para manter a adequação dos esquemas interpretativos, as explicações sobre a "transição" das sociedades tradicionais para as sociedades modernas foram empobrecendo. Não apenas o mecanismo da mudança assumiu conotações abstratas (isto é: passou a ser visto como um jogo de fatores que não se relacionam entre si por liames necessários e que não exprimem nem imprimem no processo social um modo particular de ser) como as próprias situações sociais de partida e de chegada se esvaeceram em conceitos gerais que nada retêm das condições concretas da vida social. O quadro de referência de Parsons sobre as orientações alternativas básicas para a ação, em que cinco pares de "variáveis padrões" (*pattern variable*) de definição de papéis (*role-definition*) são postulados como fundamentais,[17] pôde servir, então, de sustentáculo teórico para a caracterização das "sociedades tradicionais" e das "sociedades modernas". Mesmo um autor como Hoselitz, que concorda em que "o aspecto crucial de uma teoria do desenvolvimento econômico distinta de uma teoria da renda e do emprego é, como foi enfatizado antes, a necessidade de explicar a transição de um estado de *subdesenvolvimento* para um estado de *adiantamento*",[18] e que chega a duvidar do alcance das explicações abstratas sobre o desenvolvimento baseadas na teoria do "*social deviance*"[19] exatamente porque pensa que "a forma de mudança social que é aplicável a qualquer sociedade só pode ser determinada por uma análise cuidadosa de sua organização social e das forças que nela tendem a promover o crescimento econômico,"[20] aceita critérios abstratos para caracterizar as sociedades tradicionais e as modernas. Na análise das relações entre estrutura social e desenvolvimento econômico, por exemplo, deixa em aberto as relações entre "cultura" e sociedade, e, em adição à análise econômica *tout court* (do tipo de que "*economic development is measured by the growth of per capita real output of a society*"), agrega especial atenção "apenas àqueles aspectos do comportamento social que têm significação para a ação econômica, particularmente quando esta ação liga-se a condições que afetam as mudanças na produção de bens e serviços realizados pela sociedade".[21] Tipologicamente, as "sociedades subdesenvolvidas" e as "sociedades adiantadas" seriam analiticamente distinguíveis pela aplicação de três dos cinco padrões alternativos de Parsons:

1. A escolha entre as modalidades de objeto social, polarizada entre "realização" (sociedades avançadas) e "atribuição" (sociedades subdesenvolvidas);
2. A escolha entre tipos de standards de orientação valorativa, polarizada entre "universalismo" e "particularismo";
3. A definição de finalidade de interesse no objeto econômico quando há a polarização entre "especificidade" e "dispersão" (*diffuseness*).

A estes três critérios pode-se acrescentar outro critério parsoniano, que se refere ao dilema entre o interesse privado e o interesse coletivo, que se polariza em valores de "orientação individual" (*self-orientation*) *versus* "orientação coletiva".

A partir deste esquema, Hoselitz pensa caracterizar sociologicamente as economias "avançadas" e "subdesenvolvidas":

> [...] sumarizando a análise dos aspectos socioestruturais de diferenciação entre economias "avançadas" e "subdesenvolvidas", podemos dizer que

esperamos que as primeiras apresentem normas predominantemente universalísticas na determinação do processo de seleção para o desempenho dos papéis economicamente relevantes; que os próprios papéis sejam em termos de função altamente específicos; que as normas predominantes pelas quais o processo de seleção para estes papéis é regulado sejam baseadas no princípio de execução (*achievement*), ou "realização" (*performance*), e que os que mantêm posições na elite do poder, e mesmo em outras elites, mantenham relações com os objetos sociais de significação econômica orientados pela ideia de "coletividade". Numa sociedade subdesenvolvida, ao contrário, o particularismo, a dispersão funcional e o princípio de atribuição predominam como reguladores das relações socioestruturais, especialmente em sua dimensão econômica, e a orientação dos atores nos papéis de influência econômica ou política é determinada predominantemente por considerações do ego.[22]

O problema que subsiste depois de caracterizados os dois tipos de sociedade, pensa Hoselitz, é o do mecanismo de mudança. Nesta altura, a explicação assume outros contornos metodológicos: do nível estrutural-abstrato de análise (entre as sociedades subdesenvolvidas, por exemplo, contam desde os grupos "arcaicos" que, por definição, não mudam até países como os da América Latina), passa-se à resposta a três perguntas básicas que implicam não só um tipo muito particular de sociedade e de civilização, como pressupõem alternativas históricas:[23]

1. Que tipos particulares de comportamento divergente em termos dos valores de uma cultura "tradicional" e "não industrializada" têm o efeito de alterar o equilíbrio do sistema tradicional?
2. Que grupos de indivíduos numa cultura dada podem e (ou) tornam-se portadores do comportamento inovador?
3. Este grupo aparece como uma consequência de uma constelação socioestrutural peculiar da cultura na qual se origina, ou é sociologicamente marginal?

As respostas, algumas delas simplistas, apelam para hipóteses que, segundo pensamos, devem sujeitar-se a outras tantas indagações para explicar a mudança social, mas que, de qualquer maneira, retêm aspectos significativos do comportamento social efetivo:

1º O ímpeto maior para alterar o equilíbrio tradicional vem de "planos" para o avanço econômico.
2º e 3º É preciso haver uma redistribuição de poder nos países subdesenvolvidos para que as velhas elites econômicas, que também detêm o controle político, deem lugar a uma nova elite. Só assim a nova liderança econômica tem acesso ao Poder. De qualquer forma, a nova elite deve ter ocupado posição de marginalidade étnica, linguística ou social na velha sociedade.

No núcleo destas indagações e respostas, em que Hoselitz passa do plano das orientações valorativas em face da ação econômica para o plano das características específicas dos grupos sociais inovadores e para o plano do sistema de Poder, ressurgem mais concretamente alguns problemas cuja colocação implica a crítica severa da ideia abstrata de "modernização", subjacente nas análises da *passagem* da sociedade tradicional para a sociedade industrial vista como o efeito de uma operação entre variáveis e alternativas de ação que "afetam" a estrutura da sociedade. Por insubsistente que seja a ideia de planejamento a que Hoselitz recorre para explicar o arranco, e por vagas que sejam suas referências à dinâmica das elites de poder, a primeira exprime, ao mesmo tempo, o desígnio de racionalidade e a possibilidade de opção (isto é, modificação na direção de algo), que permitem caracterizar em termos concretos a ideia de "modernização", e as segundas dão corpo histórico-social concreto à ossatura da "transição": sem referência às situações de dominação, que exprimem e implicam um tipo determinado de relações de produção, o conceito de subdesenvolvimento passa a ser um eufemismo da noção de "atraso cultural", tanto mais inútil quando aplicada a grupos cuja história independe da relação com as economias já desenvolvidas, como é o caso dos grupos primitivos. Talvez por isso, em ensaio posterior aos referidos acima, Hoselitz propõe uma classificação de padrões de crescimento econômico onde há pelo menos a intenção de reintegrar os modelos abstratos na história, sem fazer desta, no extremo oposto, uma sequência de casos singulares de explicação fechada em si mesma:

[...] tendo em vista prever que mudanças pode-se esperar numa nação atualmente subdesenvolvida e que obstáculos é provável encontrar em seu processo de desenvolvimento, devemos ter modelos com mais carne e músculos do que os que podem ser fornecidos por uma teoria que relaciona algumas poucas variáveis muito gerais de forma puramente abstrata.[24]

Para conseguir esse objetivo, Hoselitz propõe a distinção de três conjuntos de dicotomias, conforme o desenvolvimento seja regido pelos seguintes padrões:

A – Expansionista (incorporação consecutiva de novos territórios) ou intrínseco (combinação interna de recursos materiais relativamente escassos com capital adicional e trabalho abundante);
B – Dominante (nação economicamente autárquica e independente de nações estrangeiras) ou satélite (nação que recebe de fora os capitais para inverter em produtos de exportação);
C – Autônomo (em que as decisões que afetam o crescimento econômico dependem de indivíduos que não detêm o poder político) ou induzido (quando as decisões econômicas são determinadas por uma agência central de planejamento).

A combinação destas alternativas de orientação do desenvolvimento resulta na construção de oito modalidades típico-ideais do processo de crescimento econômico:

1. Expansionista, dominante, autônomo (EUA de 1830 a 1890);
2. Expansionista, dominante, induzido (URSS de 1928 até hoje);
3. Expansionista, satélite, autônomo (Austrália até 1914 ou Canadá até 1900);
4. Expansionista, satélite, induzido (Manchúria sob domínio japonês, Congo Belga, colônias portuguesas);
5. Intrínseco, dominante, autônomo (França ou Alemanha do século XIX);
6. Intrínseco, dominante, induzido (Japão ou Turquia desde 1922);

7. Intrínseco, satélite, autônomo (Dinamarca ou Suíça antes de 1914);
8. Intrínseco, satélite, induzido (democracias populares do Leste Europeu).

Como jogo de variáveis *ocorridas* e sem a intenção de englobar na análise da "estrutura" do desenvolvimento a relação entre os fins perseguidos pelos grupos que assumem a direção do desenvolvimento e o resultado do processo de industrialização, as ligações entre estes "pares de variáveis" já são bem mais complexas, pois começam a distinguir relações entre as variáveis capazes de produzir *tipos* de desenvolvimento (forma de processo + grau de autonomia econômica + tipo de impulso).

Entretanto, os modelos assim concebidos, por complexos que sejam, não resolvem o problema da *história*, entrevisto por Hoselitz. Visando a dar "carnes e músculos" à "ossatura" dos modelos, Hoselitz introduziu novas "variáveis", como se da soma de relações abstratas se produzisse a concreção da história. Diante do fantasma das pluralidades históricas concretas irredutíveis, apelou para a multiplicidade de variáveis indiferenciadas que, se reduzem o real às categorias de uma classificação, não explicam como e por que resulta um "tipo de desenvolvimento" da combinação de um conjunto de variáveis, nem muito menos no que consiste concretamente o desenvolvimento. Noutros termos: não buscou distinguir, entre as variáveis, aquelas que determinam *relações essenciais*, isto é, cujo movimento produz um tipo de crescimento econômico ou de estagnação, nem, por isto mesmo, pôde levar às últimas consequências a crítica à caracterização abstrata de "sociedades subdesenvolvidas" e "sociedades avançadas".

Estrutura e estratégia

O problema que se coloca é, portanto, o de precisar o que se entende por uma análise concreta do desenvolvimento, em contraposição às análises abstratas que caracterizamos até aqui. Se entendêssemos por este procedimento a mera descrição do que ocorre *aqui* e *agora*, assumiríamos a posição que com razão é criticada por Hoselitz, e teríamos de nos contentar com uma tautologia: os fatos ocorrem de uma determinada maneira porque ocorreram assim. Entretanto, nem o escopo da análise científica é a ordenação dos fatos tal qual ocorreram nem o modo pelo qual eles ocorrem é acidental. O problema encaminha-se, pois, para a determinação da "natureza" do desenvolvimento e para a circunscrição do tipo de relação que permite distinguir as sociedades subdesenvolvidas das desenvolvidas, e estas daquelas para as quais a categoria "desenvolvimento" não é explicativa. Em outras palavras: em vez da construção de modelos de desenvolvimento, a análise científica deve encaminhar-se para a determinação das estruturas que explicam o desenvolvimento – e o subdesenvolvimento – e para a determinação da dinâmica de um tipo de estrutura para outro.

Precisemos um pouco mais esta distinção. Que relação existe entre um crescimento expansionista, satélite, induzido, e um crescimento intrínseco, dominante, autônomo? É óbvio que a relação é *externa* a estes elementos: supõe-se que a operação conjugada, em cada sociedade, destas três ordens de variáveis opostas produz um resultado idêntico, que é chamado de desenvolvimento. Por isto, implicitamente, desliga-se o resultado (econômico) dos fatores (sociais, culturais e mesmo econômicos) que o produziram. Neste tipo de análise não há nenhum elo de necessidade entre, digamos, o aumento da poupança e, por conseguinte, dos investimentos, ou o aumento do PNL, comparados com o crescimento demográfico – cujo nexo define, neste caso, o desenvolvimento – e o tipo de sociedade vigente, isto é, as formas de apropriação, o tipo de exploração do trabalho, a distribuição da renda pelos grupos sociais, a estrutura de poder, o grau de autonomia das decisões para investir em cada país, a proporção entre investimentos em bens de capital e bens de consumo, os movimentos políticos etc. Na prática, é verdade, ninguém confunde a diferença de *natureza* que existe entre, por exemplo, o desenvolvimento do Congo Belga e o desenvolvimento da Bélgica. As relações que as duas sociedades (e economias) mantêm entre si é a de dois polos que se ligam pelo que os opõe, o imperialismo e o colonialismo, e não a de dois modos de exprimir uma mesma variável independente (que seria o desenvolvimento tal qual foi definido acima). Portanto, se ordenarmos numa classificação única modelos construídos por um conjunto de variáveis sem considerar o tipo de estrutura em que se inserem, o resultado será a caracterização que chamamos de abstrata porque não leva em conta os modos de ser estruturalmente determinados, de tipos e possibilidades diversas de desenvolvimento, e é por isto também que o valor explicativo destes esquemas é restrito: o resultado que eles querem explicar não decorre da ação nem do tipo de relação das variáveis que compõem o modelo.

Na ideia da determinação dos tipos estruturais de desenvolvimento está contida a necessidade de relacionar os condicionamentos da ação e os tipos de ação com seus resultados: as "variáveis" não se justapõem umas às outras nem são substituídas sem afetar as possibilidades de desenvolvimento (aliás, nos modelos realmente formais que não são apenas "esquemas abstratos", como as análises sociológicas que vimos criticando, as modificações numa variável introduzem modificações nas demais e no padrão de equilíbrio alcançado). As "variáveis" não se combinam no vácuo para determinar um tipo de estrutura: têm peso específico diferente, assumindo umas o papel determinante, outras papéis secundários, e a configuração estrutural é definida pelo jogo de relações que as variáveis determinantes mantêm entre si. Por isso, é preciso que a análise distinga as determinações que são essenciais para constituir a estrutura da sociedade. Assim evita-se que à infinidade de casos históricos concretos e de fatos ocorridos corresponda uma infinidade de "classes" sem sentido explicativo; caso contrário, o trabalho científico se resumiria à reprodução em linguagem mais elaborada do que ocorre no nível da percepção. E se evita também a construção de contínuos sem significação estrutural, do tipo dos que criticamos anteriormente.

Noutros termos, sociologicamente, a clivagem científica da história não consiste em seu esvaziamento em esquemas classificatórios abstratos nem na retenção dos meandros efetivamente percorridos, mas na determinação dos tipos de estrutura decantados pela ação coletiva dos homens, que definem modos de existir socialmente.

Não pretendemos neste capítulo, em que a digressão sobre a análise sociológica do desenvolvimento já está grande, resumir o que é sabido: para que a noção de subdesenvolvimento tenha significação concreta é preciso determinar cientificamente as condições que dão sentido à noção de desenvolvimento. Em termos simples: a economia capitalista, com a apropriação privada dos meios de produção e o modo particular de produção que a caracteriza, e a sociedade burguesa que lhe corresponde, com a formação e superposição das classes sociais, servem de quadro de referência básico para que se entenda o conceito de "sociedades desenvolvidas". Quer se defina o desenvolvimento como uma relação entre variáveis econômicas e demográficas sem levar em consideração o tipo de estrutura social em que estas variáveis operam, quer se dê ênfase à base social de circulação econômica; quer se insista em que os meios e os resultados do desenvolvimento variam conforme a produção seja consequência do processo de valorização do capital ou processo socialmente regulado para atender a necessidades sociais, em quaisquer hipóteses, os autores que pensam em "desenvolvimento econômico" ou em "sociedades desenvolvidas" ("adiantadas", "modernas" etc.) não se referem apenas a uma distinção entre sociedades tradicionais de economias estacionárias e sociedades dinâmicas em que há expansão econômica. Ao contrário, têm em vista um tipo particular de sociedade: aquelas cujo funcionamento não pode ser explicado senão com referência ao modo industrial-capitalista de produção. Este condicionante fundamental é válido mesmo para as sociedades socialistas, pois elas supõem a existência logicamente anterior do modo capitalista-industrial de produção.

De forma análoga, o conceito de "subdesenvolvimento" não corresponde ao de "sociedades tradicionais" ou ao de "sociedades arcaicas", nem mesmo ao de sociedades (ou economias) agrárias. A noção de sociedade subdesenvolvida só se torna significativa quando há uma referência implícita a uma relação determinada entre um tipo particular de sociedade com outra que é "desenvolvida". Pode-se objetar que modernamente quase todos os grupos humanos mantêm formas definidas de relação com as sociedades desenvolvidas: a hipótese apenas confirma a assertiva anterior, na medida em que é uma maneira de dizer que o imperialismo e o socialismo mantêm relações de dominação ou de cooperação com todo o mundo. De qualquer forma, carece de sentido histórico-estrutural e é, portanto, abstrata, a noção de "subdesenvolvimento", quando aplicada a grupos, povos ou tipos de sociedade cuja existência prescinde de relações políticas e econômicas com os países desenvolvidos e cujas formas de ser, por isto mesmo, definem-se por estruturas constituídas por outros tipos de relações essenciais, entre os quais não conta a divisão internacional do trabalho, nem o tipo de dominação que lhe é correlato.

Isto significa que as noções de "subdesenvolvimento" e de "processo de desenvolvimento", enquanto referidas às "sociedades desenvolvidas", supõem tipos determinados de dominação e processos sociais que não são puramente econômicos, no sentido tradicional em que o "mercado" é o princípio regulador fundamental da vida econômica. A compreensão mais geral deste enunciado depende da análise – que não faremos neste livro e que escapa à nossa competência porque é essencialmente econômica – do desdobramento das economias industriais desenvolvidas sobre as áreas hoje chamadas subdesenvolvidas. Seria preciso estudar o colonialismo, o imperialismo e o neocapitalismo (ou neocolonialismo) para determinar o tipo de relação que existe entre as áreas subdesenvolvidas e as áreas desenvolvidas. Além disso, há dois condicionantes fundamentais da posição dos países subdesenvolvidos na estrutura do mercado mundial e na estrutura internacional dos Estados-Nações que tornam mais complexa a análise da questão: em primeiro lugar as alterações na economia dos países capitalistas desenvolvidos, que deram lugar aos monopólios e à interferência estatal no mercado, apontadas no capítulo anterior; em segundo lugar, a existência de um novo tipo de sociedade, no mundo socialista, que interfere tanto com o mercado mundial quanto com o equilíbrio político entre os povos.

De qualquer modo, o importante a ressaltar é que o subdesenvolvimento não equivale ao não desenvolvimento em geral, mas, ao contrário, é uma forma de exprimir a existência de um tipo de desenvolvimento, sem referência ao qual se torna uma noção abstrata. É preciso, pois, partir da análise das relações básicas entre estas duas formas de sociedade que, em conjunto, exprimem o modo capitalista de produção para compreender cientificamente o processo de desenvolvimento no "mundo ocidental".[25]

Em termos claros e de uma perspectiva que ultrapassa o equacionamento "econômico" da questão, Perroux faz crítica análoga à utilização de modelos para explicar o desenvolvimento e à própria maneira de concebê-lo estaticamente como a realização de um circuito econômico-social "já dado", que poderia comportar apenas "crescimento econômico":

> O crescimento explicado por quase-mecanismos e construído como um crescimento equilibrado nos modelos de R. F. Harrod, E. Domar, J. R. Hicks (modelos H. D. H.) é definido como o aumento do produto (renda global). Este aumento é ligado ao investimento global e ao consumo global. Por construção, estes modelos são estranhos aos conjuntos subdesenvolvidos e às culturas arcaicas. Eles admitem implicitamente representações coletivas, motivações e reações quase-automáticas que não se encontram naqueles meios. Eles excluem a análise da propagação da inovação, do investimento, da renda adicional de uns setores e regiões para outros: ora, esta propagação é a condição fundamental do crescimento das economias subdesenvolvidas. Enfim, os modelos são construídos como se as instituições fossem dadas e constantes: o produto volteia, pelos séculos afora, entre os "tetos" e os "assoalhos", ou em torno de um *trend* do equilíbrio, como se as instituições, sua forma e as mudanças de suas formas não significassem *nada* quanto à aceleração positiva ou negativa da taxa de aumento do produto. Estes modelos são impermeáveis ao desenvolvimento e ao progresso (progresso: no singular). Nas economias ocidentais este tipo de análise é gravemente insuficiente: os poderes relativos entre os grupos sociais mudam no próprio processo do crescimento e de realização *dos* progressos; além disso, as sociedades humanas revelam-se capazes de reflexão sobre a conduta econômica e sobre o rendimento de suas instituições. Nas economias subdesenvolvidas, a ordenação das relações sociais e a reforma das instituições possuem um dinamismo econômico cuja importância decisiva não pode escapar nem mesmo ao economista mais entregue à rotina e ao pensamento de uma fração de sua corporação.[26]

Finalmente, é preciso considerar que a representação do "processo de desenvolvimento" como o resultado de um "jogo de variáveis" é, em si mesma, abstrata. Com efeito, a "ação que modifica" deve ser reintegrada na "estrutura" que está sendo modificada. Entendido sociologicamente o desenvolvimento como a transformação de um tipo de estrutura (no sentido mais amplo: não só intensificação da divisão do trabalho, da especialização das profissões e da utilização de tecnologia científica, mas também a formação consequente de novas camadas sociais, a redistribuição do poder e a transformação das instituições e representações sociais que garantiam a antiga ordem) noutro tipo de estrutura econômico-social, a dinâmica do desenvolvimento deve ser vista em termos de um "movimento social". Na "passagem" da situação de subdesenvolvimento para uma situação "em desenvolvimento", a resistência e os impulsos não são "fatores", mas "interesses" e "oposições" sociais. Isto quer dizer que, entre a estagnação e o dinamismo, não operam "forças" no sentido de que, por exemplo, uma conjuntura econômica qualquer propicia a formação dos requisitos para a industrialização e, como se a sociedade fervesse a 100º, de repente, instaura-se o desenvolvimento como uma forma de ebulição. Entre um momento e outro da história de uma sociedade, há a mediação de uma *luta* que reflete a tensão entre interesses e objetivos sociais diversos num duplo sentido: altera-se a posição da sociedade particular no conjunto das sociedades e modifica-se internamente a posição das camadas da sociedade que se está desenvolvendo. Por isso mesmo, não apenas os movimentos sociais que exprimem estas relações são o resultado de uma situação "objetiva" (isto é, das "condições para o desenvolvimento") como imprimem no curso do processo de desenvolvimento a marca dos interesses e propósitos que os animam. Estrutura e estratégia não guardam entre si relações de paralelismo: interpenetram-se.

O cientista determina os desvios entre os interesses defendidos, os objetivos visados e a ação efetiva dos grupos envolvidos no processo de desenvolvimento, pois a consciência social e os interesses reais dos grupos podem não coincidir. Entretanto, mesmo que se concebam cientificamente as estratégias como ideologias, cabe à análise científica procurar o nexo que as estratégias guardam com as estruturas vigentes e com os processos sociais em curso. Para tanto é necessário ultrapassar a mera verificação da existência de estratégias múltiplas e variáveis e a ideia de que, quaisquer que elas sejam em cada sociedade particular, exprimem um mesmo *estado*, que seria o sistema industrial de produção de base técnica e científica. A análise propriamente sociológica começa quando, além das distinções entre "crescimento" e "desenvolvimento", o processo de diferenciação estrutural é visto como o resultado de movimentos sociais que circunscrevem os determinantes universais do desenvolvimento (representados pelo sistema produtivo de base técnico-científica e pelos processos gerais de incremento da divisão e especialização do trabalho que resultam no aumento do produto nacional bruto) em configurações de existência social que exprimem um tipo particular de estrutura social.

A constituição científica das vinculações necessárias entre tipos de estratégia e padrões estruturais permite a explicação da descontinuidade entre "propósitos" e "resultados" e possibilita a determinação dos liames que existem entre os movimentos sociais efetivos (que não alcançam necessariamente consciência do papel que desempenham) e os objetivos atingidos. O alcance da explicação da dinâmica social estará, então, na acuidade com que se conseguir determinar concomitantemente tanto as "possibilidades estruturais" que se abrem para os movimentos sociais como as ideologias, motivações, estratégias e propósitos que desencadeiam e orientam socialmente a ação. Por certo, as primeiras, na medida em que se vinculam aos condicionamentos extrassociais do desenvolvimento, não dependem exclusivamente das segundas: em sua autonomia e realidade determinam os modos possíveis de ser do processo de desenvolvimento. Mas a concreção histórica de um tipo de desenvolvimento numa sociedade particular qualquer dependerá sempre do *plus* representado pela direção que os movimentos sociais assumirem: socialismo, capitalismo, estatismo, privatismo não são resultados "necessários" de uma situação "dada". Constroem-se, como invenção histórica, a partir de movimentos sociais concretos, sem cuja explicação pode haver análise do desenvolvimento, mas não sociologia do desenvolvimento.

Política nacional e desenvolvimento econômico do Brasil

Crescimento espontâneo e burguesia nacional

A crítica que fizemos às análises que não levam em conta a dinâmica concreta do desenvolvimento econômico e a perspectiva de interpretação apontada no tópico anterior permitem equacionar sociologicamente a problemática da "transição" na sociedade brasileira. A descoberta das mediações necessárias entre o "impulso de desenvolvimento", concebido em termos da luta entre grupos cujos interesses sociais opostos levam à organização de movimentos sociais, e o "resultado" do desenvolvimento, isto é, o tipo particular de sociedade industrial criada, torna-se o centro da análise sociológica.

Com efeito, as questões cruciais que precisam ser respondidas sociologicamente concentram-se, em primeiro lugar, na determinação de como no interior de uma sociedade subdesenvolvida, baseada na produção agrária de mercadorias coloniais de exportação, surgiram aspirações, motivos e tipos de ação capazes de dinamizar a sociedade tradicional. Noutros termos, é preciso saber como foi possível organizar e realizar "movimentos sociais" que se propuseram à concretização de um novo modelo de sociedade. Em segundo lugar, é preciso responder às indagações sobre as formas que o processo de desenvolvimento assumiu, para verificar se as aspirações, motivações e os objetivos dos grupos sociais em movimento coincidiram com o padrão estrutural de desenvolvimento finalmente alcançado.

Entretanto, neste capítulo, as linhas gerais de explicação deste processo não serão conduzidas no sentido de analisar as transformações na ação, na mentalidade e na ideologia dos empreendedores, problemas aos quais consagraremos os três próximos capítulos. De fato, a relação imediata e direta entre desenvolvimento econômico e ação empresarial supõe a generalização da história dos países nos quais houve o "desenvolvimento originário" para os países subdesenvolvidos. Naqueles países, onde a rigor não houve *subdesenvolvimento* nos termos em que o definimos, a invenção de um modelo de ação econômica racional e o primado da classe econômica por excelência – a burguesia – são a história do desenvolvimento. Por certo, a pesquisa das condições e dos motivos que levaram à constituição do capitalismo moderno transcende o plano do "sistema de produção", e nisto não há nada que distinga a análise sociológica do desenvolvimento em geral da análise da "transição" de uma sociedade subdesenvolvida. Porém, no caso do "desenvolvimento originário", a expansão do capitalismo industrial explica, na dinâmica do circuito econômico de produção, como a burguesia se constituiu em grupo empresarial e camada dominante de cada sociedade local e, ao mesmo tempo, numa classe de conquistadores. Política e economia, com o surgimento do modo capitalista de produção, tornaram-se a mesma coisa. Sem dúvida a primeira ficava obscurecida na aparência cotidiana, pois dominação de classe e ação empresarial estavam tão solidamente ligadas que nos mecanismos do mercado a ação política, embora realmente continuasse a existir, desaparecia da percepção social comum. E na produção capitalista as relações formalmente livres e contratuais entre capitalistas e assalariados escondiam a violência da dominação de classe. O Estado burguês, por outro lado, enquanto Estado nacional, fazia com que as classes antagônicas de cada sociedade industrializada existissem no mundo indiferenciadas na qualidade de "povo dominador". Noutros termos, a história do capitalismo coincidia nas sociedades que realizaram o período clássico do desenvolvimento industrial com a história dos empreendedores (isto é, da classe que dinamizava a produção) e, no plano do mercado mundial, coincidia com a história das nações industrializadas sob a égide da burguesia conquistadora.

Ora, o que se torna "problema" nas investigações sociológicas sobre o papel dos empreendedores no desenvolvimento econômico dos países subdesenvolvidos é exatamente saber, por um lado, se "burguesia" e "desenvolvimento" relacionam-se como se fossem um grupo social e sua *raison d'être*. Por outro lado, é preciso saber se esta relação pode instaurar-se no próprio circuito de crescimento econômico nos quadros do mercado colonial (exportação de produtos primários/importação de produtos manufaturados). As interpretações correntes do desenvolvimento econômico e da formação da sociedade de classes do Brasil têm dado como pacífico que estas são as condições necessárias para o desenvolvimento. Verdade que as análises deste tipo são em geral trabalhos de economia nos quais a problemática do "sentido do desenvolvimento" e dos suportes sociais do crescimento econômico passa para o segundo plano. Na bibliografia brasileira é provável que o trabalho não econômico que formula com maior largueza teórica as relações entre as aspirações para o desenvolvimento, a mediação política do processo de mudança econômica e o tipo de sociedade industrial seja o livro de Hélio Jaguaribe (1962) sobre desenvolvimento econômico e desenvolvimento político O neobismarkismo, o capitalismo de Estado e o socialismo desenvolvimentista são para aquele autor três formas básicas de "desenvolvimento" que supõem não apenas três "respostas" fundamentais a tipos diversos de subdesenvolvimento, vistos em função dos graus diferentes de escassez de recursos para o impulso inicial, mas principalmente três modalidades diversas de mudança social que, concretizando-se em movimentos sociais diferentes, moldam tipos distintos de sociedades industriais. Entretanto, na análise do "caso brasileiro", Jaguaribe assume uma perspectiva que corresponde à correção de Schumpeter pelas descobertas de Keynes: o Estado deve intervir para completar em proveito da iniciativa privada a obra iniciada às cegas, mas com *élan*, pelos empreendedores brasileiros. De fato, Jaguaribe crê que o impulso inicial de industrialização partiu exclusivamente da iniciativa privada:

> Na inércia do Estado, que durante os quinze anos do primeiro governo de Vargas só teve a iniciativa de construir a Usina de Volta Redonda, foi a iniciativa privada brasileira que, empiricamente, sem plano nem deliberada assistência do Estado, enfrentou a crise econômica do país, desenvolvendo a indústria substitutiva das importações.[27]

Como consequência, para que o processo da industrialização tenha continuidade, pensa este autor, é preciso corrigir os limites que o crescimento espontâneo impõe ao desenvolvimento, fomentando-se planos estatais de estímulo direto e indireto à iniciativa privada.

Embora neste tipo de interpretação haja algo de verdadeiro quanto ao curso real do desenvolvimento brasileiro, convém aprofundar a análise propriamente sociológica do processo de transição para evitar a falácia de explicar a transformação social pelo acúmulo de equívocos e desencontros que, por acaso, num dado momento, produzem o milagre do "processo industrial cumulativo e autoinduzido". Nas considerações teóricas do próprio Jaguaribe sobre "O processo político como fator dinâmico" e "O processo político como fator de atraso" existem hipóteses e alternativas de explicação que, se aplicadas sistematicamente à situação brasileira, teriam permitido ao autor ultrapassar o neoschumpeterianismo extemporâneo a que chegou. Não tendo explorado as pistas interpretativas que apresenta, Jaguaribe elaborou uma explicação do desenvolvimento muito próxima da que, em forma lapidar, Celso

Furtado defende. Explicação cuja pertinência, como "modelo econômico de desenvolvimento", não chega a esconder as inconsistências da análise sociológica.

Em Celso Furtado, a resposta à pergunta sobre qual o papel dos empreendedores no desenvolvimento econômico é secundária, em razão da perspectiva em que se coloca, na qual o problema é a análise do "sistema econômico". Com mais forte razão, não há lugar em sua análise para a generalização da pergunta sobre que forças sociais impelem o desenvolvimento e em que direção, isto é, com benefícios para a coletividade ou para que grupos particulares. Os condicionamentos sociais da modalidade concreta de desenvolvimento são supostos como *dados*. O processo de desenvolvimento passa a ser analisado como o esforço para a constituição do "capitalismo industrial". Neste, desde que a economia nacional seja autônoma, a indústria de bens de produção instalada possibilita a diferenciação necessária do sistema produtivo para que seu crescimento dependa basicamente de fatores endógenos:

> Na medida em que o sistema industrial alcança certo grau de autonomia, seu papel dinâmico atinge maior extensão e complexidade. Quando depende principalmente de si mesmo para abastecer-se de equipamentos, deixa de ser um sistema dependente e logra autonomia de crescimento. É fácil compreender que, ao crescer a procura de bens manufaturados de consumo – como reflexo de impulso externo ou da ação de algum outro fator dinâmico – e ao expandirem-se os lucros dos empresários desse setor, estes tratem de aumentar sua capacidade produtiva, encomendando novos equipamentos ao setor produtor de bens de capital. O aumento do ritmo de atividade neste setor significa expansão da massa de salários sem aumento concomitante da oferta de bens de consumo. Ademais, a própria indústria de bens de capital precisará expandir-se e criará procura para ela mesma. Assim, o caudal de salários, por um lado, e de lucros, por outro, vai recebendo novos contingentes. O crescimento industrial gera, portanto, seu próprio impulso de crescimento, o qual se propaga aos demais setores da atividade econômica. Esse autodinamismo é específico da indústria, sendo a razão que faz o setor industrial funcionar como força propulsora do crescimento das economias avançadas, que são sistemas autônomos.[28]

Até que ponto e de que maneira se obteve resultado idêntico no Brasil? A resposta a esta pergunta consiste em explicar como nos quadros de uma economia dependente surgem possibilidades para a formação de uma economia autônoma. E, neste passo, a análise de Celso Furtado, sem deixar de ser brilhante e economicamente consistente dentro da perspectiva teórica em que se coloca, esbarra com dificuldades que são apenas elididas na análise. Do ângulo econômico, toda a questão se resume à discussão de quais os impulsos (externos e internos) que pressionaram o aumento da procura de bens de consumo e como deslocou-se o centro dinâmico da economia agrária-exportadora para a economia industrial baseada no mercado interno, que pouco a pouco diferenciou-se até atingir o setor de bens de produção. Deste ponto em diante, ter-se-á produzido naturalmente o deslocamento do "centro de decisões", superando-se a estrutura econômica colonial.

As explicações de Celso Furtado sobre o mecanismo pelo qual se processam estas transformações já são clássicas, não necessitando ser resumidas com pormenor. Basicamente, a suspensão temporária do fluxo de trocas internacionais do Brasil com os países industrializados durante as guerras, somada com as crises no setor exportador da economia e a consequente política de defesa do nível de renda, através da desvalorização da moeda, favoreceu a defesa do nível interno de emprego e a expansão do setor industrial ligado ao mercado interno. Na década de 1940, graças à inexistência de uma política desenvolvimentista, os desequilíbrios provocados pelas deficiências da infraestrutura econômica (transportes e energia) traduziram-se em pressões inflacionárias. Procurou-se corrigir este desequilíbrio, equivocadamente diagnosticado como sendo causado pela elevação dos preços industriais, através de facilidades de importação. Estas, utilizadas de maneira excessiva, levaram o país a graves desajustamentos cambiais para cuja solução criou-se um sistema de controle que favoreceu a indústria duplamente: pela proteção contra a importação de artigos não essenciais e pelo subsídio indireto (dólar barato) à importação de matérias-primas e equipamentos. Esta política manteve-se por causa de fatores aleatórios: alta cotação do café e temor de guerra, com consequente política de endividamento externo.

No decênio subsequente, os resultados da política anterior se fizeram sentir através da alta rentabilidade do setor de indústrias de "substituição de importações": a escassez de divisas que a falta de planejamento e a baixa da cotação do café acarretaram "pressionou" os investimentos para este setor. Como, entretanto, as indústrias no setor de substituição demandavam novas importações de equipamento, criou-se um desequilíbrio entre as necessidades e a capacidade de importação, que agravou as pressões inflacionárias. Dos dois caminhos possíveis para enfrentar esta situação (reduzir a ocupação nas empresas existentes e aumentar os investimentos na substituição de importações ou sacrificar novos investimentos para manter o nível de empregos), optou-se por uma alternativa eclética: manter o nível de emprego e concentrar investimentos na substituição de importação. Esta solução, que custou o preço de um aumento considerável da pressão inflacionária porque não foi acompanhada de investimentos estrangeiros na medida requerida, "abriu o caminho à superação definitiva da barreira apresentada pela capacidade para importar à formação do capital"[29]. Do ponto de vista do desenvolvimento econômico, o efeito mais significativo desta política, pensa Celso Furtado, foi a criação das condições para o autodinamismo característico da indústria moderna, pois entre "1955 e 1960 a produção industrial no setor dos bens de consumo cresceu 63% e no setor de bens de produção 370%"[30].

Ora, se no modelo de desenvolvimento adotado por Celso Furtado não se considera explicitamente o papel dos empreendedores industriais e o papel do Estado, muito menos as alterações da estrutura agrária tradicional e as modificações e pressões no mercado internacional, isto é, o problema do imperialismo, do latifúndio e das lutas pela emancipação nacional, a análise desemboca a cada instante nestas questões. Tem-se a impressão, nestes momentos, de que existe uma duplicidade interpretativa que ora supõe o "desenvolvimento" como consequência de um jogo de cabra-cega de *fatores* econômicos incontrolados, e em que ora a "mão invisível do mercado" é substituída pelas artimanhas mais perceptíveis do Estado. Com efeito, o jogo de intenções desencontradas dos resultados parece guiar toda a política de defesa dos cafeicultores que resulta no fortalecimento dos industriais. Ao mesmo tempo, na análise da transferência dos centros de decisão, o "crescimento gradual" como forma de passagem da estrutura agrária colonial para a estrutura industrial autônoma parece supor condições contraditórias. Assim, nos quadros do mercado colonial, surge um mercado interno que permite, "por definição", a transferência dos centros de decisão: "Os centros de decisão que se apoiam nas indústrias ligadas ao mercado interno gozam, por definição, de elevado grau de autonomia. Preocupa-os, acima de tudo, a manutenção do nível interno de emprego e a ampliação do seu mercado."[31]

E, por outro lado, insiste-se em que o principal centro de decisões é o Estado, e, por isso, o "desenvolvimentismo" como ideologia do desenvolvimento concentra suas expectativas e pressões sobre a ação estatal.

A crítica possível a esta análise leva, segundo pensamos, a reintegrar o "desenvolvimento econômico" na problemática da formação das sociedades industriais, desfazendo-se a descontinuidade entre a análise econômica e a análise sociológica. Com efeito, caberia retomar o reparo crítico de Perroux e deixar explícito o que em Celso Furtado é implícito e não chega às últimas consequências: o desenvolvimento econômico do Brasil como processo político-econômico-social implica não apenas a formação de uma indústria de bens de capital e o automatismo do crescimento econômico, como a formação e dinamização de novas classes capazes de redefinir o equilíbrio tradicional de poder e de romper a estagnação econômica (que são duas formas de expressão da mesma situação de subdesenvolvimento) no plano interno e no plano externo.[32] Entretanto, a autonomia das decisões e o grau em que ela é possível não são dados "por definição", nem decorrem apenas da *situação* definida pelo sistema industrial de produção: constituem problema, prático e teórico, que está sendo resolvido por meio das lutas e dos movimentos sociais orientados *por ideologias* e interesses cuja razão de ser, objetivos e motivos têm variado conforme os grupos que os sustentam, embora sempre, na medida em que visam ao desenvolvimento, dirijam-se para criar a civilização industrial. Assim, para explicar concretamente o desenvolvimento econômico brasileiro, é preciso opor às interpretações que veem no mecanismo de "forças" que operam no sistema econômico as molas que conduzem a uma idílica "sociedade industrial" uma análise que ressalte a natureza destas "forças". Sem referência aos interesses sociais, aos objetivos e às decisões transformadas em ação de grupos antagônicos (dentro e fora do Brasil), a análise acaba por retirar da história o nervo político, dando por suposto pacificamente o que não é verdadeiro: que a civilização industrial destrói a oposição dos interesses de classes e o choque entre as nações. A prevalência da influência de uns ou de outros grupos resultará, como é evidente, em tipos diversos de sociedades industriais, nas quais o próprio mecanismo econômico – para não falar no sistema político e nos critérios de estratificação social – será regido por padrões diferentes.

Emancipação nacional e desenvolvimento

Dentro desta perspectiva, não há como obscurecer o fato de que a passagem da sociedade de base agrária exportadora politicamente dependente para a sociedade industrial autônoma supôs no Brasil uma rearticulação no sistema de poder e um novo arranjo nas relações de barganha no mercado mundial. As condições concretas desta transformação no "caso brasileiro" são parcialmente conhecidas. Em trabalhos anteriores procuramos ressaltar o que então chamamos de "condições sociais da industrialização,"[33] dando ênfase especial ao processo de divisão social do trabalho e à formação das classes sociais distintas (os que vendem e os que compram a força de trabalho) como "requisitos" para o desenvolvimento do capitalismo industrial. A esta mesma perspectiva alguns economistas, como Inácio Rangel e Gilberto Paim, dão especial importância. Estudos recentes de Werneck Sodré (1962) e Caio Prado (*Revista Brasiliense*) se têm preocupado com a caracterização minuciosa da teia de relações econômicas internacionais em que se baseiam as possibilidades e as dificuldades do desenvolvimento econômico por causa das ligações entre as novas classes econômicas brasileiras com os grupos internacionais e por causa das pressões e imposições externas. Em exemplos muito vivos, Jaguaribe tornou explícitos os "obstáculos" (isto é, os interesses antagônicos) que se antepuseram ao impulso do desenvolvimento econômico brasileiro: os planos coordenados pelo Estado no segundo governo de Vargas viram-se frustrados pela recusa do governo Eisenhower de reconhecer os compromissos assumidos pelo governo Truman. De forma análoga, os planos desenvolvimentistas da administração Kubitschek não tiveram o apoio das agências internacionais de desenvolvimento controladas pelos países capitalistas:

> Não contou o governo Kubitschek com a assistência dos órgãos financeiros internacionais, supostamente dedicados a contribuir para o desenvolvimento econômico dos países subdesenvolvidos. Deu-se, assim, que o maior esforço de desenvolvimento econômico empreendido no Ocidente por um país subdesenvolvido, após a criação do Banco Mundial, do Fundo Monetário Internacional, da Corporação Financeira Internacional etc. etc., foi levado a cabo, não somente sem qualquer auxílio dessas entidades, mas, inclusive, com sua sistemática oposição.[34]

E mais recentemente nenhum acordo de vulto foi obtido para o apoio internacional às iniciativas econômicas básicas. Como, então, diante do peso dos interesses internos e externos contrários ao desenvolvimento, originou-se a diferenciação da economia brasileira e começaram a fazer-se sentir, concomitantemente, os efeitos da civilização industrial?

A resposta para acrescentar algo do ponto de vista sociológico ao já conhecido economicamente deve ser dada em dois planos interligados.[35] Por um lado, cabe verificar o tipo de movimento social que deu lugar às aspirações e à formação da "sociedade industrial moderna", opondo-se e rompendo o *statu quo ante* da sociedade brasileira. Por outro lado, é preciso determinar o "tipo de controle" a que a nova sociedade está submetida, isto é, a que grupos sociais (operariado, burguesia nacional, grupos ligados ao capital estrangeiro, forças populares orientadas por intelectuais ou militares etc.) cabem as decisões fundamentais quanto à produção e ao consumo, quais os suportes econômico-sociais da dominação instaurada e por que meios se processa o controle da sociedade industrial.

É sabido, e sobre isto há análises e indicações consistentes, que no Brasil as camadas dominantes tradicionais, "a burguesia latifundiária, o setor mercantil da burguesia urbana e a pequena burguesia radical, esta última, como sempre, inserida nas forças armadas", para usar a fórmula de um autor não marxista,[36] constituíram o principal ponto de apoio do imperialismo e do imobilismo social. Em oposição a estas camadas vinculadas ao subdesenvolvimento, o proletariado e a burguesia industrial urbana, a crer na bibliografia existente, aparecem como os prováveis núcleos sociais dinâmicos do desenvolvimento, aos quais somam-se os setores intelectuais e militares da classe média urbana que correspondem ao outro extremo do radicalismo pequeno-burguês. Assim, nas análises da maioria dos autores ligados ao Instituto Superior de Estudos Brasileiros (Iseb) – aos quais se deve a maior parte dos trabalhos sobre o desenvolvimento –, a aliança entre estas duas classes parece ter possibilitado o impulso desenvolvimentista. Como o proletariado é, na etapa de formação do capitalismo, muito mais o objeto da ação empresarial burguesa que o agente do processo de dinamização econômico-social, as consequências políticas dessa análise são grandes, pois a "burguesia nacional" surge como a esperança e a razão de ser do desenvolvimento econômico e da modernização do país. Coincidindo com esta imagem, a iniciativa privada parece ter criado em São Paulo um parque industrial considerável a partir do lucro de pequenas oficinas e do investimento dos capitais gerados pela cafeicultura na produção de bens de consumo, como salientaram Furtado, Jaguaribe e tantos outros.

Entretanto, a pesquisa que realizamos mostrou, como se verá nos capítulos subsequentes, que, por um lado, os quadros de referência da ação empresarial brasileira, mesmo em São Paulo, foram relativamente acanhados até meados da década de 1950. Não só a indústria concentrou-se nos ramos tradicionais de tecelagem e alimentação, como as práticas empresariais eram rotineiras e os empreendedores, com poucas exceções, não chegaram a formular uma política nacional de industrialização, nem a organizar, portanto, focos e grupos de pressão neste sentido. Somente depois do investimento maciço de capital estrangeiro houve diferenciação acentuada no setor privado do parque manufatureiro, e os grupos industriais passaram a adotar formas de ação empresarial mais agressivas tanto no plano da concorrência e da organização da produção como no plano da sociedade global. Seria simples supor a partir daí que o crescimento industrial foi de caráter "induzido". Ocorre, entretanto, como adiante se verá, que a indústria estrangeira não fecundou o desenvolvimento *sponte propria* desde a sua instalação. Antes reagiu às pressões de uma política de desenvolvimento do que criou focos de modernização dentro do setor industrial: a reorganização das empresas estrangeiras para atender aos "novos tempos" é indício disto.

Que grupos sociais, então, pressionaram no sentido de romper a estagnação anterior?

Neste ponto, nossa interpretação diverge da tese geralmente aceita de que a iniciativa privada, isto é, a burguesia empresarial, constitui a mola propulsora inicial do desenvolvimento e da modernização do Brasil. Mostraremos neste livro como, a partir de padrões tradicionais e "irracionais" de comportamento econômico empresarial, criaram-se "condições" para a acumulação de capital e para a decantação de formas de experiência industrial que se transformaram em "ação empresarial moderna". Porém, a mediação entre o capitão de indústria tradicional e o homem de empresa moderno só se torna compreensível quando se restabelecem os quadros gerais de orientação societária da ação econômica, definidos por condições estruturais e por movimentos sociais que transcendem o "sistema econômico", visto como o circuito da realização de lucros ou como um padrão de satisfação de necessidades de consumo. Com efeito, as pressões da demanda interna poderiam ser atendidas por importações (há muitos exemplos históricos neste sentido), poderiam ter constituído motivo para a formulação de uma política clara de desenvolvimento com base nas decisões do Estado, como poderiam servir de estímulo à iniciativa privada. Da mesma maneira, a obtenção de lucros, que é a condição de existência da burguesia, poderia ter sido feita pela simples expansão das indústrias de bens de consumo, pela associação da "livre empresa" com o Estado em novos empreendimentos ou pela ligação das empresas nacionais com capitalistas estrangeiros.

A "escolha" entre estes e outros caminhos é um processo complexo que vai depender em larga margem das "condições" econômicas e dos "requisitos" sociais definidos pela história e pelas possibilidades naturais da sociedade e da economia de cada país. Desse ângulo, parece que ao automatismo dos modelos econômicos do desenvolvimento acrescenta-se um novo "mecanismo" de reintegração social e econômica em função da *situação* da economia e da sociedade subdesenvolvida. Contudo, e nisto reside a dinâmica histórica da "transição", o impulso de desenvolvimento e a política desenvolvimentista implicam a existência de camadas sociais que não só *inovam*, isto é, propõem-se adotar o modelo industrial das sociedades desenvolvidas, como o fazem a partir de estratégias nem sempre iguais e nem sempre coincidentes. Neste sentido, pode-se imputar propósitos (muito raramente conscientes e nem sempre exequíveis) aos grupos que através de alianças e de antagonismos sociais "põem em movimento" a sociedade tradicional. A viabilidade dos alvos socialmente definidos dependerá das condições de inserção estrutural dos grupos que os definem e da capacidade que demonstrarem na solução dos problemas que a luta pelo controle da nova sociedade lhes vai colocando.

Ora, o crescimento industrial obtido pela iniciativa privada no Brasil até a década de 1950 foi, por assim dizer, "empírico", isto é, os capitais eram aplicados nos setores que, a curto prazo, davam maiores lucros, num movimento contínuo de adaptação gradativa às circunstâncias econômicas. Para ultrapassar o subdesenvolvimento era necessário conduzir a ação econômica por um tipo de orientação valorativa que visse nas modificações estruturais da economia, todas de longo prazo, a razão de ser dos investimentos, e que transformasse, portanto, a motivação e aspiração de lucro em incentivo e alvo indireto. Numa economia onde a taxa de acumulação é alta, o volume dos lucros é grande e as decisões econômicas são autônomas, este cometimento pode ser empreendido pela burguesia nacional. Numa economia subdesenvolvida, que se caracteriza por condições opostas a estas, para que a iniciativa privada se lance à proeza do desenvolvimento é preciso que haja o apoio maciço de recursos externos de capital ou então que o Estado carreie a poupança nacional e canalize as energias criadoras da nação para a iniciativa privada.

A primeira condição não ocorreu no Brasil até a década de 1950 e, depois desta, como dissemos, foi antes consequência do impulso de desenvolvimento do que sua causa. A segunda alternativa foi em parte seguida. Entretanto, a dinamização do Estado como agente econômico e como "centro de decisões", que, sem dúvida, poderia ter sido fruto de pressões do setor industrial de bens de consumo, não obedeceu a este esquema. O setor mais dinâmico da iniciativa privada nacional, como se verá no capítulo 5, fez-se e se manteve à margem da ação estatal até à época da "decolagem", como mantém-se, em grande parte, até hoje.

Cresceu não apenas paralelamente às iniciativas estatais, como sempre as viu com muita suspeição, o que não quer dizer que delas não se tenha beneficiado.

Parece, pois, que houve no Brasil dois momentos sociologicamente importantes no processo de industrialização. No primeiro momento, a aspiração ao progresso e à independência nacional deu sentido à crítica do "processo espoliativo" da economia e permitiu a definição de alvos capazes de acarretar, a longo prazo, mudanças estruturais. Emancipação econômica, investimentos estatais nos setores de infraestrutura e nas indústrias básicas (petróleo, siderurgia etc.) e planejamento (como condição para adequar os escassos meios disponíveis aos fins colimados) foram os valores que orientaram as aspirações coletivas neste primeiro momento. No segundo momento, houve a permeabilização do setor industrial já existente da economia brasileira aos modelos e às práticas sugeridos e difundidos pelo que chamaríamos de pressões desenvolvimentistas, sem, contudo, ter havido a adesão total da burguesia nacional aos valores de cunho estatizante que orientavam os movimentos pela emancipação econômica.

No jogo entre estes dois momentos (que em termos históricos se entrecruzaram) as intenções iniciais não coincidiram com os resultados. Os grupos sociais que organizaram movimentos pela "emancipação econômica" não suspeitavam de que, no momento seguinte, a burguesia nacional poder-se-ia aliar aos "interesses estrangeiros", e os setores industriais da burguesia nacional, refratários à ação do Estado e, em princípio, contrários a quaisquer intervenções estatais na economia, não imaginavam que seriam os maiores beneficiários dos movimentos favoráveis à intervenção pública na economia do país. Mas a permuta de sentido do processo de desenvolvimento e o desencontro das intenções e resultados não foram consequência de espertezas e fraquezas da burguesia nacional, como as análises dos capítulos seguintes demonstrarão, nem decorreram de vacilações morais das lideranças populares. Os condicionamentos estruturais dos grupos que, no primeiro momento, impulsionaram o desenvolvimento econômico do Brasil levaram-nos a tergiversações e incertezas que deram à iniciativa privada a liderança do processo de desenvolvimento. Esta, por sua vez, como adiante se verá, encontra-se numa situação em que para expandir a indústria precisa integrá-la nos quadros do capitalismo internacional e, com isto, perde parte da autonomia. Para escapar do dilema só restaria o caminho revolucionário, miragem que paira sempre como uma esperança e uma ameaça, entre cujos polos líderes populares e dirigentes industriais vacilam constantemente, temendo, a justo título, que sejam deslocados pelo processo que vierem a desencadear. Como uma constante oculta, o temor da escolha do caminho mais radical se consubstancia quando a ideia de revolução se metamorfoseia na aspiração bonapartista velada de "golpes militares" e na disposição popular de "contragolpes". Uns e outros têm a racionalizá-las a necessidade de acelerar o processo de mudança social preservando-se os "valores da nação", mas sofrem ambos do mal de origem: como as forças que os suportam estão vinculadas e se beneficiam da estrutura existente – precisamente a que deve ser mudada –, receiam que qualquer movimento mais radical "ultrapasse os limites" das modificações desejadas e consentidas, pondo por terra as possibilidades políticas de controle da situação. Como resultado, a política vigente, se não acelera a emancipação nacional e o desenvolvimento econômico na escala possível, mantém um *compromisso* entre o passado e o futuro: a estrutura agrária continua arcaica, a industrialização não é planejada e processa-se através de acordo com grupos internacionais, mas as "decisões" dependem da anuência dos novos grupos que se encaminham para o Poder, as massas urbanas e a burguesia industrial.

Para elucidar melhor este processo é preciso indagar sobre a passagem do primeiro para o segundo momento da industrialização, analisando-a em função das possibilidades concretas de ação que se abriram para os grupos que os animaram. Afastada a hipótese de que a burguesia nacional, no primeiro momento, impulsionou o processo de mudança social, retomemos a indagação sobre os grupos sociais que pressionaram a antiga ordem no sentido de transformá-la.

Se interpretarmos corretamente as informações disponíveis sobre a fase das alterações decisivas no equilíbrio tradicional entre os grupos sociais, parece claro que as reivindicações "desenvolvimentistas" surgiram nos grupos "técnicos" das classes médias e tiveram a fomentá-las o aparecimento na cena política brasileira de um novo interlocutor que, embora afônico, marcou com sua presença o início da quebra das soluções rotineiras dos problemas nacionais: as massas populares.

De fato, a cumulação dos efeitos sociais provocados pela urbanização e pela existência de um setor industrial *incipiente e rotineiro*, se não produziu por si mesma, como indicamos, transformações na estrutura dos investimentos econômicos capazes de estimular o desenvolvimento autopropulsionado, possibilitou a formação de novos grupos sociais e a redefinição do estilo de política. Em termos concretos, a diferenciação da estrutura social fez-se pela integração parcial de segmentos das populações rurais ao sistema urbano de produção e pela ampliação do setor de "serviços" e dos empregos burocráticos e técnicos ligados ao setor privado da economia que absorveram uma parcela das classes médias tradicionais e permitiram a incorporação de imigrantes e seus descendentes às camadas médias urbanas da população.

Em razão das alterações estruturais, o controle político da nação, que desde 1930 fazia-se através da aceitação, por parte das camadas dominantes agrárias, da legitimidade da influência das classes médias tradicionais ligadas à burocracia civil e militar, sofreu novas modificações. Este processo intensificou-se a partir da Segunda Guerra Mundial e, abertamente, quando se voltou em 1946 ao sistema representativo-eleitoral. Se até então as parcelas das classes médias tradicionais, que se exprimiam politicamente, constituíam-se como segmentos decadentes da antiga camada agrária dominante ou a ela se ligavam através de favores e lealdades, mantendo-se praticamente intocável o patrimonialismo político, as "novas classes" não mais participaram tão direta e solidariamente dos valores e dos benefícios do sistema político e econômico tradicional. Noutros termos, formou-se uma pequena burguesia urbana cujas aspirações e cujos modos de vida definiam-se fora dos quadros tradicionais de existência. Com mais forte razão, as "massas populares coexistiam", por assim dizer, com a sociedade tradicional, mas nela não se integravam.

A simples presença passiva de novos contingentes sociais não integrados na vida política tradicional foi já fator de desequilíbrio e, portanto, de dinamismo na sociedade tradicional. Acresce, além disto, que alguns segmentos das "elites dirigentes", pressionados pela presença das novas classes e pelos "efeitos secundários" da situação que provocou a diferenciação social, puderam alargar a consciência social no sentido de ver que a solução dos "problemas econômicos nacionais" era condição de sobrevivência política "da nação", isto é, da estrutura de poder e do sistema político democrático vigente. Efetivamente, operou no Brasil um duplo "efeito de demonstração": não só o aumento do poder de compra da pequena burguesia urbana e de parte das classes dominantes (explicável pela conjuntura econômica) permitiu a modernização do consumo através de importações, criando novos "gostos" e "disposições", como a miséria do campo invadiu as cidades. Os contingentes rurais não absorvidos parcialmente expuseram aos políticos e às camadas urbanas os riscos da ação de massas. O "queremismo", as passeatas e as greves que marcaram o período do fim do primeiro governo de Vargas até o início do governo Kubitschek exprimem o inconformismo popular e indicam os limites da passividade da massa. Por estes motivos criaram-se em alguns círculos responsáveis da nação novas disposições para modificar a situação economicamente precária, e tentar absorver politicamente as camadas populares.

As insatisfações e o inconformismo puderam ser teorizados e diagnosticados porque contavam com "suportes sociais" novos para contrabalançar a ordem tradicional: a pressão latente das "novas classes" foi suficiente para sensibilizar líderes e setores das classes médias tradicionais e das elites dirigentes. Entretanto, na definição da "nova política", as camadas populares foram mais *estímulo* que *agente*. Não havia na "massa" a sedimentação de uma experiência urbana de vida, e as "camadas populares" não se engajavam numa situação econômica e social de classe capaz de trazer consigo um projeto de controle do processo de mudança que sua existência colocava como possível.

A formulação das soluções e a condução do processo político couberam a grupos sociais ligados às antigas classes médias e à pequena burguesia recém-formada. Exprimiram-se através do *nacionalismo* como uma ideologia "desenvolvimentista" e "estatizante" que teve a defendê-la estudantes, profissionais liberais, militares, funcionários públicos, técnicos etc., que pertenciam às chamadas elites intelectuais. Estas, por causa da tradição antiga de valorização abstrata do "poder da razão" e pela defesa da ideia de "interesse nacional", cara em geral às camadas médias, se propuseram transformar o nacionalismo num movimento de inspiração intelectualista capaz de tornar-se "aspiração de todo o povo". A vontade coletiva deveria exprimir-se pelo Estado que, acima das classes e orientado por planos racionais de base técnica, deveria conduzir o desenvolvimento econômico. Ao impulso básico nesta direção dado pelos setores de classe média a que aludimos, fizeram coro, embora orientados por outros valores, grupos políticos de esquerda e sindicatos operários, que viram nas campanhas nacionalistas uma possibilidade de sensibilizar as massas para os problemas políticos e, ao mesmo tempo, uma forma de levar parte dos grupos dominantes a reagir contra o imperialismo. A campanha do petróleo e todas as lutas pela emancipação econômica levadas a efeito no governo Dutra, *contra o ponto de vista das classes dominantes em geral e, em particular, contra as posições das chamadas classes produtoras*, estão na raiz das medidas de desenvolvimento propostas pelo segundo governo de Vargas a que aludimos anteriormente e só têm a antecedê-las, como empreendimento de vulto, a instalação de Volta Redonda, onde também os militares, e não a iniciativa privada, tiveram papel preponderante. Diga-se, de passagem, que do ponto de vista subjetivo o impulso que motivou muitos dos participantes destes movimentos foi de tipo tradicional: para afirmar-se politicamente, por exemplo, ou para combater o desejo de enriquecimento sem limite dos capitalistas. Havia, porém, a impedi-los no sentido de uma visão de conjunto dos problemas da nação e da procura de soluções técnicas e racionais, o traço comum às profissões intelectuais de tipo técnico-burocrático representado pelo "espírito de racionalidade". A descoberta da existência política do imperialismo pelos grupos que incentivaram os primeiros movimentos nacionalistas e, consequentemente, a descoberta de que as soluções não podiam ser meramente "técnicas" não decorreram do "esquerdismo", ou de posições de princípio. No início dos movimentos pela "emancipação nacional", os grupos sectários da esquerda pensavam na revolução política e não no desenvolvimento econômico, e o próprio Partido Comunista, que mais tarde aderiu e deu conteúdo popular ao nacionalismo, era, inicialmente, contra os monopólios estatais. O anti-imperialismo resultou dos tropeços concretos diante de resistências e oposições ao desenvolvimento de setores básicos da indústria nacional, inspiradas por empresas e grupos estrangeiros ou por setores do Poder Público a eles ligados.

Os limites da possibilidade de os movimentos populares de cunho nacionalista conduzirem o processo de mudança que haviam desencadeado eram, entretanto, estreitos. Expressão de mudanças profundas que se iniciavam na estrutura social do país, os movimentos populares contra o subdesenvolvimento e o imperialismo encontraram os marcos finais de seu êxito nos limites estruturais que se impunham à ação dos grupos pequeno-burgueses que o sustentavam. De fato, na sociedade de massas que se formava, se o controle político da situação não se fazia mais através das oligarquias, estas não se desfizeram por encanto diante do poder da massa, nem muito menos a massa transformou-se de imediato no proletariado redivivo portador da missão histórica reservada à "classe universal". Ao contrário, as camadas dominantes tradicionais e as forças internacionais que tinham interesse em continuar a dominar a economia do país lutaram, transfiguraram-se, aliaram-se aos novos grupos ascendentes, mas preservaram parte do antigo poder. Isto equivale a dizer que o processo de diferenciação econômica e de industrialização não se fez nem nos moldes pregados pelos nacionalistas nem através da instauração da ordem econômica competitiva clássica, como se verá nos próximos capítulos. Politicamente, da mesma forma, a "representação proporcional democrática" com o jogo dos partidos que representam a opinião nacional (que é o paradigma, embora não a prática, das democracias liberais) nunca chegou a ter vigência. E os "movimentos de opinião" que visavam a exprimir o sentimento das camadas populares em prol do interesse nacional perderam eficácia prática para controlar o desenvolvimento social.

Na nova ordem, o Estado, que nunca foi, obviamente, o ponto de encontro neutro do interesse de todos, fortaleceu-se graças ao maior número dos cidadãos engajados como "massa de manobra" dos interesses políticos, mas continuou a ser controlado nas decisões fundamentais pela aliança entre a burguesia industrial e os grupos agrários e financeiros tradicionais, que, por sua vez, exprimem a dominação imperialista e o subdesenvolvimento. Por certo, a nova situação não é inteiramente adequada aos interesses industrialistas, e, por isto mesmo, é duplamente instável, como veremos no último capítulo. Da mesma maneira, a nova ordem não permite mais a exclusão pura e simples do "ponto de vista popular": razão por que os meios de comunicação de massa passam a ser decisivos para o controle do governo e da nação. É preciso fazer coincidir a ideia que o povo forma de seus interesses com o interesse dos grupos dominantes para que o Estado possa arrogar-se a legitimidade na defesa da política econômica e da ordem vigente.

Entretanto, a participação das camadas populares no processo político não só é manipulada, em grande parte, pelos meios de comunicação de massa, como a ineficácia dos partidos e movimentos políticos organizados foi substituída pela ação de líderes carismáticos e de demagogos que se tornaram veículo de ligação entre o povo e o Estado:

> A República converteu-se em uma transação precária do "antigo regime" com a nova ordem social, preservando-se, através do coronelismo e de outras formas de mandonismo, as formas tradicionais de dominação patrimonialista. Os partidos assumiram o caráter de coligações de interesses das camadas dominantes, sem especificidade ideológica, alvos políticos íntegros e influência dinâmica própria que lhes assegurassem a coordenação e direção do regime presidencialista. Na verdade, a eclosão das massas populares na arena política processou-se independentemente e acima dos partidos, sob o influxo estimulante dos demagogos, substitutos dos cabeças de parentela e dos mandões políticos – os grandes eleitores do passado. Entre os dois caminhos que se abriam à sua atuação política, a preparação das massas populares para a democracia e a acomodação ao estilo de liderança política forjada pelo demagogo, as camadas conservadoras preferiram a segunda alternativa. Por mais hábil, inteligente e independente que seja, o demagogo não pode escapar à tutelagem dessas camadas sociais, das quais muitas vezes é um representante nato, mais ou menos "progressista". Como instrumento político, apresenta a vantagem irresistível de traduzir posições conservadoras e até reacionárias através de linguagem inteligível e de intentos aprováveis pelo *homem do povo*. Em consequência, a demagogia tornou-se um subterfúgio, que permite conferir ao "despotismo esclarecido" atualidade com o sistema eleitoral, ao mesmo tempo que permite impedir o pleno exercício dos direitos cívicos pela grande massa dos cidadãos-eleitores.[37]

Nestas condições os movimentos populares e os partidos de esquerda tornaram-se rapidamente marginais ou caudatários do novo sistema de Poder. A liderança intelectualizada e pequeno-burguesa dos movimentos nacionalistas e os comandos partidários da esquerda não podiam obviamente conduzir o processo de desenvolvimento em nome de uma abstração como os interesses da nação. Faltava-lhes, por outro lado, a transformação das "massas" em "classe" para tentar impor uma política concreta. Persistiram, no entanto, em rejeitar como retrógrada a política "populista" baseada na demagogia e na liderança carismática, e insistiram na necessidade de uma "política ideológica", como se demonstra em análise recente.[38] Perderam, rapidamente, por todos estes motivos, o controle do processo que iniciaram e que, de fato, não podiam estruturalmente manter.

Teve a burguesia sagacidade e realismo para não hesitar onde os outros haviam vacilado: transformou rapidamente o nacionalismo em "mera ideologia", fazendo da falsa consciência pequeno-burguesa uma falsidade da consciência, para parafrasear Lukács. Tendo o interesse de classe para dar sentido à sua ação, lançou-se com ardor ao "desenvolvimentismo" e fez esquecer em cinco anos o que o movimento nacionalista levaria cinquenta para tornar verdade para todos: que a "independência nacional" conseguida através do planejamento estatal e da intensificação dos investimentos públicos era o caminho para o desenvolvimento.

A contaminação dos setores industriais privados pelas aspirações de planejamento, racionalização e desenvolvimento, bem como a encampação da ideia de que o Estado é promotor da prosperidade tiveram como agentes dinâmicos os setores tecnocratas do serviço público e privado e os industriais da "segunda geração" que viveram mais intensamente a etapa nacionalista do desenvolvimento. Por certo, o nacionalismo continuou a existir como polarização ideológica mesmo depois que a iniciativa privada assumiu a parte mais ativa da industrialização. Apenas redefiniu-se no conjunto da problemática política da nação, passando a ser antes bandeira de "setores da burguesia" que aspiração nacional de progresso harmonicamente conduzida pelo Estado em proveito de todos. Os limites para o êxito da nova fase do desenvolvimento também se ligam à nova estrutura e às possibilidades efetivas de crescimento econômico, que serão analisadas nos capítulos subsequentes.

De qualquer forma, a partir do segundo momento do processo de mudança social, "desenvolvimento econômico", por um lado, e "penetração do capitalismo" e "dominação burguesa", pelo outro, passaram a ser facetas da mesma moeda, permitindo de novo que as análises econômicas correntes as tomem como *necessariamente* relacionadas, ou como *dadas*, ainda que historicamente não mais o sejam.

NOTAS

1. Rostow, 1961: 37.
2. Rostow, 1961: 15.
3. Rostow, 1961: 16.
4. Rostow, 1961: 22.
5. Rostow, 1961: 32.
6. Rostow, 1961: 33.
7. Rostow, 1961: 49.
8. Rostow, 1961: 56.
9. Rostow, 1961: 60.
10. Rostow, 1961: 75.
11. Rostow, 1961: 75.
12. Ver na bibliografia Harbison e Myers, 1959, e Kerr *et al.*, 1962.
13. Kerr *et al.*, 1962: 18.
14. Kerr *et al.*, 1962: 34.
15. Kerr *et al.*, 1962: 296.
16. Schumpeter, 1952: 187.
17. Parsons, 1952: 66-67.
18. Hoselitz, 1960: 28.
19. Hoselitz, 1960: 57 ss.
20. Hoselitz, 1960: 82.
21. Hoselitz, 1960: 30.
22. Hoselitz, 1960: 41-42.
23. Hoselitz, 1960: 46-50.
24. Hoselitz, 1960: 86.
25. Poder-se-ia fazer análise semelhante quanto ao conceito de "modernização". Deixamos de fazê-lo para não levar o leitor a digressões ainda maiores. De qualquer

forma, ou a "modernização" exprime e se refere a um modo de ser determinado do mundo capitalista, ou ela é abstrata. A menos que se queira exprimir com o conceito a mera intensificação do "efeito de demonstração" na sua exterioridade, e com isto distingui-lo da noção de desenvolvimento econômico.

26. Perroux, 1962: 200-201.
27. Jaguaribe, 1962: 176.
28. Furtado, 1958: 31.
29. Furtado, 1961: 242.
30. Furtado, 1961: 242; ver também 1959, especialmente capítulo XXXII.
31. Furtado, 1961: 245.
32. É preciso deixar claro que as interpretações de Celso Furtado foram muito além do que seria lícito esperar de quem se coloca do ângulo do economista. Em *A pré--revolução brasileira* ele chega mesmo a sistematizar, como cientista social, muito mais do que como economista profissional, as modificações que o desenvolvimento acarretou na estrutura da sociedade brasileira e o desequilíbrio entre o setor urbano-industrial moderno e a estrutura rural tradicional. Mesmo nos ensaios deste livro, entretanto, Celso Furtado aceita, sem comprovar suficientemente, que o setor estatal da economia (p. 111-112) e a diferenciação do sistema industrial (p. 112-114) garantem a autonomia das decisões. Não discute, contudo, que grupos nacionais e internacionais controlam o Estado e a indústria. Por outro lado, como afirma que o Estado deve exercer uma função supletiva diante da iniciativa privada, entrando na economia no momento devido, e saindo na ocasião oportuna (cf. p. 76), toda análise que faz da transferência dos centros de decisão torna-se abstrata pela falta de análises sobre as relações entre a iniciativa privada nacional e as organizações econômicas internacionais (cf. especialmente, Furtado, 1962: "Subdesenvolvimento e Estado democrático").
33. Cardoso, 1960 e 1961.
34. Jaguaribe, 1962: 183.
35. Cf. Touraine, 1963.
36. Jaguaribe, 1962: 181.
37. Florestan Fernandes, 1963: 262-263.
38. Cf. F.C. Weffort, "Política de massas", 1963.

PARTE II

As análises feitas até aqui mostram que a ação dos empreendedores no processo de desenvolvimento econômico só pode ser compreendida como parte de um processo mais geral de mudança social. A autonomia absoluta da ação empresarial ou do comportamento da burguesia industrial, mesmo que suposta como mero recurso analítico, levaria a equívocos e não permitiria a determinação concreta do sentido que se pode atribuir efetivamente ao "papel dos empreendedores". Na verdade, os condicionantes estruturais da sociedade como um todo limitam e caracterizam as formas possíveis de comportamento inovador no campo econômico.

Entretanto, uma vez delimitadas as alternativas e os condicionantes gerais do desenvolvimento econômico, torna-se possível discutir de forma específica, como faremos nesta segunda parte do livro, as características da ação empresarial, as potencialidades inovadoras que se abrem aos empresários e as possibilidades de controle político que se situam no campo das possibilidades sociais concretas para a burguesia industrial. Para isto analisaremos nos três próximos capítulos a passagem das formas tradicionais de controle familiar dos empreendimentos industriais para novos tipos de controle burocratizado, as modificações na mentalidade e na ideologia dos empreendedores e, finalmente, as perspectivas políticas da burguesia diante da "nova sociedade".

CAPÍTULO III A direção das empresas industriais

O padrão mais difundido de direção dos empreendimentos industriais no Brasil continua a basear-se na autoridade obtida pelo controle da propriedade. Isto não acarreta, em si mesmo, como vimos no capítulo 1, nenhum elemento de diferenciação, dentro do quadro geral da economia capitalista. Entretanto, como a propriedade das empresas se restringe, em geral, aos grupos familiares, o padrão de controle dos empreendimentos implica a intromissão dos proprietários em decisões que ultrapassam o limite natural de ingerência dos acionistas nas empresas dos países desenvolvidos.

De fato, além da participação nas decisões fundamentais das empresas (por exemplo, a determinação de novos investimentos), que constitui praticamente um corolário do sistema de apropriação privada, os proprietários das "empresas clânicas" exercem intensa atuação administrativa. Esta prática afeta as possibilidades de racionalização e de expansão dos empreendimentos, pois o excesso de controle pessoal e direto restringe a eficiência possível. Assim, por exemplo, a prática normal de controle familiar das empresas no Brasil exclui, em regra, a delegação de autoridade para pessoas de fora do círculo familiar, o que impede a diferenciação burocrática da administração e o aproveitamento de técnicos e especialistas. Em geral, não apenas a administração faz-se através de membros da família proprietária, como a maior soma de autoridade é exercida unipessoalmente pelo "patriarca", chefe da família.

É certo que este padrão encontra-se em fase de transição nos setores industriais mais desenvolvidos e que não só as alianças entre grupos familiares como, principalmente, as empresas de economia mista e as indústrias controladas pelo capital estrangeiro forçaram a difusão de novos padrões de direção e gestão dos empreendimentos industriais. Por outro lado, existem diferenças significativas nas áreas que escolhemos para análise quanto ao vigor com que se mantém o controle familiar dos empreendimentos. Porém, a variável independente não é, naturalmente, a região do país, mas o grau de complexidade da empresa e o tipo de associação de capitais. Estas variáveis acarretam maior diferenciação na estrutura das empresas em São Paulo e Belo Horizonte do que em Blumenau, Salvador ou mesmo Recife.

É possível, pois, consolidar *tipos* de gestão em função das variáveis independentes. Entretanto, sociologicamente, a questão não se resume a esta tipologia. Antes, é preciso estabelecer as conexões entre o "padrão de controle", por um lado, e as condições de aproveitamento máximo das oportunidades empresariais, por outro. Noutros termos, através da análise do tipo de gestão, deve-se verificar como os empresários brasileiros se "adaptam" às condições econômicas cambiantes e como alguns tentam formas de gestão capazes de firmar as bases para a transição do padrão rotineiro de administração para um padrão moderno de controle empresarial.

Se considerarmos o conjunto das empresas em que o controle familiar vigora, é inegável que a rotina mais larvar e o temor da perda de controle do empreendimento são os fatores que interferem no sentido da manutenção do padrão familiar de administração. Perdem-se muitas oportunidades de expansão das empresas para garantir-se a possibilidade de as fábricas estarem "sob o olhar do dono". Valoriza-se, mesmo, a rotina, sobretudo nas zonas do país onde o ritmo de mudança social não abalou o prestígio das "famílias de tradição". E se faz da empresa um fetiche de família, em que a fidelidade às práticas avoengas conta mais que os lucros crescentes:

Em Minas ocorre um problema semelhante ao da indústria açucareira no Nordeste, onde o indivíduo fica preso à Usina e apenas por ter sido sempre de sua família. Há um setor da indústria que acha ser uma vantagem o fato de aferrar-se a formas tradicionais de atividade. Assim, fazem a mesma coisa que o pai, o avô e o bisavô fizeram.

Poder-se-ia pensar que este tipo de tradicionalismo existe apenas nas áreas de predominância do patrimonialismo agrário. Contudo, na análise de empresas de São Paulo e Blumenau controladas por famílias de imigrantes e seus descendentes, o culto do "herói civilizador" que implantou o pequeno negócio hoje transformado em grande empresa mantém-se ativo como uma forma de passadismo que repercute e exprime a orientação geral das famílias proprietárias. O êxito empresarial e a prosperidade da empresa são vistos por muitos empresários como resultado da "herança social" dos ancestrais e do apoio de amigos de família, sem que se faça nenhuma referência à maneira como estes fatores, que podem ter efetivamente atuado, permitiram a dinamização do empreendimento: "Tive sucesso como empreendedor por causa da boa memória deixada por meu pai e por causa da ajuda que me foi prestada por fulano de tal", declarou um grande empresário mineiro.

O nome deixado pelo fundador da empresa e a capacidade que os proprietários tiveram de fazer da fábrica "uma família", unindo operários, funcionários e patrões, são um componente importante das crenças empresariais. Se, em si mesma, esta disposição subjetiva é uma racionalização que pode até ser "útil" aos empresários, enquanto valorização do padrão doméstico de controle de empreendimento, seu efeito é altamente negativo e mostra até que ponto as disposições subjetivas dos proprietários de empresa são contrárias às práticas modernas de gestão empresarial.

Não obstante, os dados obtidos no *survey* executado pelo Centro de Sociologia Industrial e do Trabalho da Universidade de São Paulo mostram que no estrato das empresas paulistas consideradas grandes (mais de 499 empregados) o controle administrativo já é bastante diferenciado:

Direção exercida por	Nº de empresas
proprietários*	19
proprietários e administradores	19
acionistas	11
acionistas e administradores	18
administradores	25
outros	2

* A categoria *proprietários* designa donos de empresas controladas por famílias, isto é, sociedades anônimas controladas, de fato, pela família proprietária.

Assim, não há dúvida de que, pelo menos no que se refere à grande empresa, a modernização administrativa está começando a afetar as práticas organizatórias tradicionais. Com efeito, quando se consideram as empresas de 20 ou mais empregados e não apenas as de mais de 499, o controle familiar dos negócios ainda hoje constitui a norma:

Direção exercida por	Nº de empresas
proprietários*	126
proprietários e administradores	50
acionistas	22
acionistas e administradores	29
administradores	50
outros	4

* A categoria *proprietários* designa donos de empresas controladas por famílias e donos de firmas individuais.

As entrevistas que realizamos confirmam a tendência para a modernização das "grandes empresas" nas outras áreas do Brasil, e permitem asseverar que existem "disposições críticas" contra o padrão tradicional de gestão que constituem focos potenciais de inovações neste campo. Com efeito, até recentemente (digamos, até 1950), mesmo na "grande empresa" o controle familiar era bastante mais significativo, segundo o depoimento de muitos industriais. Desta época em diante intensificou-se a diversificação das formas de gestão. Em São Paulo, as alianças entre grupos financeiros, as empresas estrangeiras e o vulto dos antigos empreendimentos familiares são responsáveis pela tendência de diferenciação administrativa que existe hoje. Nas outras áreas, entretanto, mesmo sem a pressão das circunstâncias que operam em São Paulo, existem pressões inovadoras. Em Minas Gerais, sobretudo, há consciência aguda de que a gestão unipessoal exercida pelo patriarca é insuficiente na prática empresarial moderna. E em Pernambuco os empresários reagem contra perguntas nesta direção, como que a defender-se de objeções possíveis e conhecidas ao padrão acanhado de administração que mantêm. Como explicar-se-iam, então, essas disposições inovadoras?

Parece claro, da análise das entrevistas, que há dois tipos de empresário, sem considerar os funcionários de empresas estrangeiras, que têm maior consciência das limitações do padrão familiar de controle das empresas: os mais jovens, mesmo quando ligados à empresa privada, e os que atuam nas empresas de economia mista. Em qualquer dos casos, trata-se de pessoas que possuem qualificação profissional de nível superior. Examinemos mais detidamente a questão para fundamentar nossa hipótese quanto às tendências inovadoras. Em primeiro lugar, as limitações do antigo padrão tornam-se realmente "obstáculos" quando existem mudanças na ordem econômica que impedem a eficácia do padrão direto de controle familiar. Isto quer dizer, como veremos adiante, que é perfeitamente possível ocorrerem situações em que haja a coexistência de perspectivas de alto lucro e gestão familiar. As limitações do controle familiar da gestão só surgem concretamente quando a concorrência e o problema das economias de escala forçam o crescimento das empresas e obrigam a aliança com "outros grupos" para obter capitais. Como antecipação dessa conjuntura, apenas os empresários de certo "nível intelectual" dispõem a mudar a forma de gestão, daí a coincidência entre o nível de instrução e a crítica às práticas rotineiras de administração. Entretanto, parece-nos que os empreendimentos estatais e os planos governamentais têm sido os fatores decisivos para incentivar a crítica destes procedimentos pelos empresários das áreas onde o desenvolvimento industrial ainda é acanhado. Em Pernambuco e na Bahia, o efeito da Sudene é nítido neste sentido. Os empresários, se não aprovam o tecnicismo de que para eles a Sudene se reveste, sentem-se compelidos a justificar-se. E os industriais ligados às empresas mais modernizadas não se deixam iludir pelo tipo de críticas comum no Nordeste de que planejamento e comunismo acabam por ser a mesma coisa: ao contrário, apoiam a modernização esperada da Sudene. Por outro lado, em Minas, as disposições inovadoras devem-se não só ao peso das empresas de economia mista em que, necessariamente, o padrão administrativo é mais complexo e moderno, como a um certo intelectualismo dos empresários. Os industriais mineiros pertencem, em geral, às "elites cultivadas". Com efeito, se compararmos a escolarização dos empresários das várias áreas, veremos que é nítida em Minas a predominância de profissionais liberais ligados às antigas camadas dominantes: dos quinze empresários entrevistados, *todos* eram profissionais liberais, sendo que cinco eram diretores de empresas de economia mista, nove eram proprietários ou pertenciam à família dos proprietários e um – o único estrangeiro – era administrador profissional. Na Bahia, em Pernambuco e em Blumenau, dos 27 empresários entrevistados, apenas dez eram profissionais liberais. Entre os restantes, alguns tinham sido operários e outros, sobretudo em Blumenau, possuíam formação técnica mais ou menos especializada no ramo em que trabalham. Também em São Paulo a distribuição da frequência de diretores de empresa com nível superior de instrução é relativamente alta. Mas este caso não reflete, como em Minas Gerais, o controle das empresas por pessoas e grupos ligados às antigas camadas dominantes. Antes, reflete os efeitos da ascensão dos imigrantes, que permitem que os filhos dos pioneiros industriais obtivessem "um diploma", e indica, por outro lado, a permeabilidade maior das empresas à contratação de diretores fora do círculo familiar:

Instrução dos diretores de 97 indústrias paulistas
(500 ou mais empregados)

Nível educacional	*Número de diretores*
primário	120
secundário	411
superior	433
sem instrução	1
sem resposta	85

Estes dados confirmam a hipótese que vimos sustentando de que a "modernização" do Brasil é um processo que transcende o circuito puramente empresarial. As pressões "de fora", no caso as pressões de iniciativas estatais, encontram em dirigentes que participaram de experiências de vida extraindustriais o meio de insinuar-se no sistema industrial de produção. É por isto que a "segunda geração" de industriais tem um papel importante nestes aspectos da modernização: a vida acadêmica, a participação política e a "cultura geral" a tornam mais aberta para as inovações e mais capazes de pô-las em prática. Quando a economia se torna diferenciada e complexa, como em São Paulo, os veículos da modernização administrativa institucionalizam-se. As escolas e os seminários de administração, os clubes de gerentes e as revistas especializadas fazem coro uníssono com a tendência de organização de uma burocracia de "presidentes", "executivos", "diretores" e "gerentes", no mais puro molde norte-americano.

Por trás desta modernização, muitas vezes aparente, persistem, todavia, resistências que indicam como permanecem vigorosos no Brasil os efeitos negativos da propriedade familiar das empresas aliados à gestão direta.

De fato, não se pode dizer que o processo de reorganização dos quadros dirigentes industriais se esteja realizando rapidamente e sem oposições por parte dos grupos industriais tradicionais. Ao contrário, as entrevistas mostram que a antiga forma de controle familiar dos empreendimentos oferece toda sorte de resistência a qualquer prática que possa vir a pôr em risco o poder de decisão que a família proprietária exerce na empresa. Em casos extremos o preço pago conscientemente pelo controle é a diminuição das oportunidades de crescimento das indústrias. Assim, um antigo industrial *self-made man*, que dirige uma organização tecnicamente reputada como das melhores do ramo, abriu mão de oferta feita por um grupo estrangeiro para formar nova sociedade em outra empresa alegando formalmente que se orgulhava de poder ostentar em suas firmas seu nome de família. Em mais de uma entrevista os industriais desta categoria de empresa alegavam ter as possibilidades de expansão restringidas porque estavam "muito ocupados", tanto eles quanto os seus, não dispondo de tempo para administrar novos negócios.

A DIREÇÃO DAS EMPRESAS FAMILIARES

Como se explica, então, a tendência de quebra do controle familiar direto sobre a administração das empresas, e de que maneira podem sobreviver empresas controladas de forma tradicional num período de rápida expansão industrial?

A reorganização dos quadros dirigentes da indústria existe e é impulsionada por três fatores conexos. *Primeiro*, a complexidade e o vulto das operações econômico-financeiras necessárias para a instalação e a manutenção de empresas de alto nível tecnológico que começam a existir no Brasil requerem a formação de "sociedades anônimas" que, se não canalizam a poupança dos pequenos investidores, exprimem, como dissemos, alianças entre grupos de capitalistas. À medida que estes grupos multiplicam as atividades, torna-se impossível reter o controle dos negócios sob a direção das famílias. Em geral, à frente de cada novo empreendimento coloca-se um representante dos grupos associados, mas frequentemente existem, ao lado deste representante, outros dirigentes, "administradores profissionais", que possuem, no máximo, uma participação simbólica no capital da empresa.

Encontramos antigas empresas familiares no Nordeste, e, principalmente, em São Paulo, que estão submetidas ao controle de mais de um grupo econômico e que, por isto mesmo, começam a preocupar-se mais com formas objetivas de administração, capazes de garantir os interesses dos grupos proprietários. Além disso, nas empresas de maior vulto é comum haver uma equipe de administradores, mesmo quando persiste a propriedade familiar. Em Pernambuco, em quatro grandes empresas (duas têxteis, uma siderúrgica e outra de vidros) havia preocupação nítida com a seleção de administradores capazes fora do círculo familiar. Na Bahia, existe idêntica preocupação com a carência de "executivos" (uma empresa mandou buscá-los em São Paulo), e em São Paulo muitas grandes empresas controladas familiarmente são permeáveis ao aproveitamento de especialistas formados "pela prática" ou através de escolas de administração de empresas.

Segundo, o número de firmas cujas matrizes estão no estrangeiro é hoje muito acentuado, sobretudo na grande indústria localizada em São Paulo. Cinquenta por cento das empresas relacionadas na amostra das unidades de quinhentos ou mais empregados eram filiais de organizações estrangeiras. Estas empresas são dirigidas no Brasil por funcionários categorizados. Por isso, à medida que aumenta a participação das organizações estrangeiras no parque industrial, cresce o número de dirigentes não proprietários.

Em *terceiro* lugar, as empresas de economia mista, em Minas e no Nordeste, como no resto do Brasil, contribuem para alterar a predominância quase absoluta que o padrão de controle administrativo puramente doméstico exerce, em passado recente, no conjunto da nação.

A resposta à segunda parte da questão proposta é mais complexa. Antes de mais nada, a "empresa familiar" não é estática como forma de organização. É verdade, como vimos, que em muitas indústrias o poder de *decisão* continua quase totalmente nas mãos do chefe de família. Os efeitos negativos desta estrutura de controle podem ser avaliados pelo quadro a seguir, que mostra a relação entre um procedimento não racional de decisão de ampliação da empresa e o controle familiar de direção na indústria da Grande São Paulo. Num estrato correspondente a 94 empresas de quinhentos ou mais empregados, na resposta à questão: "Na ocasião em que houve ampliação, como a empresa avaliou a conveniência de realizá-la?", as que optaram pela alternativa "orientação pela sensibilidade econômica da direção" distribuíam-se do seguinte modo:

Forma de controle	*Frequência das respostas*	*Total das empresas*	*%*
Administradores	11	25	44
Direção direta dos proprietários	42	69	61
Total das respostas *sim*	53	94	56

Na maioria das empresas de fora de São Paulo, com mais forte razão, critérios puramente pessoais de "tato" ou "sensibilidade" econômica são utilizados mesmo para as grandes decisões. Em muitas outras empresas controladas familiarmente, entretanto, procura-se ajustar a prática de direção familiar com a necessidade que o mercado começa a impor, de ação mais técnica na condução dos negócios. Ora se adestram eficientemente os *filhos* e *genros* do antigo patriarca para o exercício da liderança industrial, ora se mantém um sistema misto de controle familiar e assessoramento técnico da direção. Neste último caso, em geral a "lealdade" do técnico aos interesses da família proprietária conta mais que sua competência profissional. Numa das empresas analisadas por nós, um "administrador profissional" levou a firma a enormes dificuldades financeiras e criou incompatibilidades entre membros da família proprietária porque o chefe da família depositava confiança cega em seu auxiliar, negando-se a retirar dele prerrogativas de decisão, mesmo diante dos desastres ocasionados por sua falta de senso administrativo. Para ilustrar a extensão do controle pessoal exercido pelos proprietários nos negócios das grandes empresas de capitais dominados por brasileiros ou grupos de imigrantes radicados no Brasil, pode-se dizer que nestas organizações, de modo geral, as decisões que envolvem despesas não rotineiras, ainda que pequenas, dependem exclusivamente dos proprietários, sendo a responsabilidade atribuída, com frequência, apenas ao chefe da família.

Os efeitos negativos desta situação fazem-se sentir tanto sobre o ritmo da expansão industrial quanto sobre a capacidade de concorrência das indústrias controladas desta maneira. Existe larga margem de "capacidade empresarial" desperdiçada pelos industriais paulistas, que tolhem seus projetos de expansão pela crença na necessidade do controle direto dos negócios. As possibilidades que se abrem agora para investimentos no Nordeste fazem com que muitos se inclinem, conforme nos declararam, a instalar novas indústrias nesta região. Quase todos os industriais que assim se pronunciaram, entretanto, lamentaram a falta de pessoal habilitado para o exercício de altas funções executivas que pudesse ser transferido para o Nordeste. Esta opinião revela, em parte, uma situação de fato; mas exprime também uma racionalização: não havendo hábitos de delegar autoridade, eles supõem que não existem pessoas profissionalmente preparadas para receber tão alta delegação, e nada fazem para formá-las. Os "administradores profissionais" utilizados pelos empresários ligados a grupos familiares típicos são muito mais "homens de confiança" que técnicos. Por isso, mais do que a falta de "executivos" capazes – que, insistimos, é verdadeira –, falta para a expansão dos negócios familiares a disposição de entregar "aos outros" níveis de autonomia de decisão que tradicionalmente são prerrogativas dos membros da família proprietária. Como, por outro lado, as organizações econômicas não são, em regra, suficientemente racionalizadas e burocratizadas para permitir o controle a distância, cria-se o impasse: "não podemos realizar investimentos fora de São Paulo porque já não damos conta do trabalho que temos aqui."

Nas outras regiões do país que consideramos, o problema só não existe mais agudamente porque não há tão grandes disponibilidades para novos investimentos. Mesmo assim, a referência à falta de "pessoas capazes e de confiança" é constante. Os industriais não se dão conta de que entre uma relação de subordinação baseada na *lealdade* e outra baseada na *capacidade* existem diferenças muito acentuadas que excluem a possibilidade de combinação dos dois critérios. A responsabilidade oriunda da capacidade baseia-se numa concepção técnico-racional do trabalho e, em geral, no ajuste também "racional" do valor do trabalho. Tais critérios e condições são estranhos ao horizonte cultural dos industriais ligados às empresas de tipo patrimonial. Para estes, a "confiança" exprime ao mesmo tempo "dedicação", isto é, trabalho árduo e mal remunerado, e "eficiência", entendida como capacidade de "quebrar dificuldades" de todo tipo a qualquer momento.

É preciso ponderar, contudo, que a persistência deste padrão de controle das empresas não decorre pura e simplesmente de um "atraso cultural", nem de mera inadequação da "mentalidade empresarial" à nova situação de mercado. Existem razões ligadas às condições peculiares do processo de industrialização no Brasil que permitem, e às vezes instigam, a manutenção do padrão familiar de controle dos empreendimentos. Em primeiro lugar, as condições gerais do mercado e da sociedade brasileira não são de molde a garantir que a esfera racionalizada da vida econômica e social seja capaz, por si só, de permitir a previsão e o cálculo dos objetivos a serem atingidos por uma empresa no nível puramente técnico-racional. O mercado relativamente acanhado é, em si mesmo, um obstáculo para a racionalização completa da vida econômica: as flutuações da oferta e da procura num mercado de concorrência imperfeita, como o brasileiro, podem ocasionar transformações bruscas nas programações das empresas. Somando-se a isto o papel preponderante que o Estado exerce no controle da política financeira-cambial e a pequena influência que os industriais, como um todo, exercem sobre o governo, tem-se como resultado que as empresas são frequentemente obrigadas a mudar seus objetivos e suas programações muito rapidamente. Com efeito, medidas de política cambial, por exemplo, podem obrigar de uma hora para outra o encarecimento em cruzeiros de máquinas importadas, impossibilitando expansões previstas; da mesma maneira, a política oficial de crédito pode obrigar alterações rápidas no volume dos estoques, e assim por diante. O depoimento de um industrial pernambucano ilustra bem esta situação e resume declarações análogas que ouvimos em todo o Brasil:

> O país não tem um plano econômico para os industriais seguirem. Volta e meia muda a orientação econômica e financeira do governo. Os industriais têm que acompanhar a orientação governamental e são pegos de surpresa. A minha fábrica de margarina, por exemplo: o equipamento foi comprado com o câmbio de custo para importação de instalações novas. Quando planejamos tudo, o dólar era de Cr$ 20,00 mais um ágio de Cr$ 25,00. Quando obtivemos a licença de câmbio o ágio já era de Cr$ 41,00. Quando fizemos o primeiro pagamento, o dólar custava Cr$ 81,00, porque o ágio fora a Cr$ 61,00. Quando o maquinismo chegou o dólar já estava a Cr$ 100,00. Depois das duas primeiras prestações a instrução 204 elevou o câmbio de custo a Cr$ 360,00.

Nestas condições, ou as empresas possuem recursos de capital abundantes – o que não é em regra o caso das "indústrias nacionais" – para manter os planos previamente estabelecidos, ou são obrigadas a retificar permanentemente sua programação tomando medidas que respondem *ad hoc* às alterações que as afetam, o que equivale a não ter planos. Em outras palavras, considerando-se as condições necessárias para o funcionamento normal das grandes empresas, o mercado brasileiro, sendo relativamente restrito, é muito sensível a alterações provocadas por medidas governamentais ou mesmo por decisões de grandes grupos econômicos, imprevisíveis para a massa dos industriais. Da instabilidade do mercado resulta que os industriais, na expressão de um deles, "têm de agir como sanfonas: abrir ao máximo nos períodos favoráveis e encolher-se até à espessura de uma navalha quando o mercado se *fecha*". Isto quer dizer que o grau escasso de previsibilidade econômica imposto pela conjuntura socioeconômica brasileira obriga os empresários a tomar decisões rápidas, guiadas mais pela "sensibilidade econômica" do que pelo conhecimento técnico dos fatores que estão afetando a empresa. A delegação de autoridade e a racionalização das formas de controle podem resultar, nesta conjuntura, em perdas graves, que a ação pronta e "irracional" (isto é, não controlada por meios técnicos) do chefe de empresa pode evitar.

Os limites econômicos para a persistência das formas tradicionais de controle e decisão dependem de duas variáveis independentes e relacionadas entre si que caracterizaram até hoje o mercado brasileiro: a conjuntura de altos lucros e a concorrência relativamente frouxa. À medida que o mercado se vai tornando objeto de disputa entre concorrentes e que alguns deles têm recursos econômico-financeiros para manter padrões técnicos elevados, apesar dos fatores de perturbação aludidos acima, as possibilidades de êxito das empresas que mantêm técnicas empíricas de decisão e controle tendem a diminuir. Inicialmente, as empresas que não são capazes de reajustar-se à nova situação do mercado conseguem sobreviver por causa da flexibilidade que as caracteriza (exatamente porque não são rigidamente organizadas, nem técnica nem administrativamente) e da capacidade de absorção de novos produtos pelo mercado brasileiro. Abandonam a faixa tradicional de produção em que sofrem a concorrência de empresas mais bem equipadas técnica, financeira e administrativamente e passam a produzir, progressivamente, mercadorias que atendem à demanda das faixas marginais e menos lucrativas do mercado. Com o tempo, ou se "associam" a grupos mais bem equipados e mais fortes financeiramente, ou são expulsas totalmente do mercado.

O ritmo pelo qual esta transformação se processa é, todavia, lento. A estrutura econômica e o mercado brasileiro têm reagido às pressões favoráveis à modernização e concentração das empresas através de soluções de compromisso em que coexistem empresas de padrão técnico relativamente elevado com empresas de baixa produtividade. Os altos preços de mercado suportam altos preços de custo. Isto quer dizer que se mantêm empresas de baixo padrão administrativo e tecnicamente deficientes tanto, como apontamos acima, nas faixas marginais do mercado, em termos da oferta de produtos não fabricados pelas empresas modernas, quanto nas faixas marginais do consumo: parte da demanda é satisfeita com produtos de baixa qualidade e altos custos industriais, embora haja a equalização das perdas dos consumidores até atingir o nível que compense a fabricação tecnicamente insatisfatória e, pois, de altos custos de produção. A existência de verdadeiros "bolsões naturais" no mercado, criados pelas dificuldades de transporte, faz com que indústrias de baixa produtividade possam manter-se, por exemplo, no Nordeste ou no Sul, ao abrigo da concorrência da região mais industrializada do Centro-Sul.

Capital e empreendimento: a direção das sociedades anônimas

É preciso distinguir, contudo, dois problemas que podem ser conexos, mas que são essencialmente distintos. A "marginalização" das empresas pode dar-se por falta da capacidade empresarial moderna, inclusive no que respeita às formas de direção e controle, ou por falta de capitais. Frequentemente os dois fatores se superpõem. Entretanto, tipicamente, é possível separar as duas situações. Algumas grandes empresas controladas pelo padrão doméstico de administração marginalizaram-se ou arruinaram-se pura e simplesmente porque os herdeiros dos impérios industriais, não tendo o mesmo *élan* dos fundadores e tendo de enfrentar novas condições de concorrência, viram-se atônitos e tolhidos para controlar os gastos da "família" e seus desmandos administrativos. Faltavam-lhes, por isso mesmo, mecanismos de decisão e recursos monetários para novos investimentos mais lucrativos capazes de proporcionar a revitalização das indústrias que possuíam. Entre imigrantes e novos-ricos difundiu-se, sobretudo em São Paulo, um padrão de consumo ostentatório e de desmando administrativo que levou algumas indústrias a situações embaraçosas. Em muitos casos as famílias proprietárias viram-se compelidas a vender as empresas a empresários mais capazes. A perda de capacidade empresarial é relativamente comum nas áreas em que a indústria surgiu como um complemento da exploração agrária (do açúcar ou do cacau, por exemplo), porque continuou a ser exercida predatoriamente. De fato, em vez de continuar investindo, retirava-se da indústria desde o capital de giro – que era fornecido pelo sistema bancário – até os lucros e o patrimônio, que reapareciam sob a forma de casas, prédios de luxo e altos níveis de vida.

Outras vezes o processo é mais complexo: não há, de fato, capitais suficientes para levar avante o empreendimento. Para não abrir mão do controle total da empresa, os proprietários não a desenvolvem à medida do necessário, passando a segundo plano na concorrência dentro de seu setor de produção. Quando se trata de empresas que operam em ramos tradicionais, de concorrência relativamente maior, mas que não exigem grandes investimentos em equipamentos, como o têxtil ou o de alimentação, por exemplo, a perda de controle da propriedade é frequente em razão de fatores puramente empresariais: o número de empresas destes ramos fundadas por capitalistas "brasileiros" (isto é, de famílias tradicionais) que passam para o controle de imigrantes ou para as mãos de grupos estrangeiros não é pequeno. Nas indústrias de base técnica complexa, como a mecânica, a siderúrgica ou a de autopeças, a perda do controle familiar pode ser ocasionada por fatores mais diretamente econômicos, ligados à falta de capitais que ocasiona atrasos tecnológicos.

Por que, então, não arranjar novos capitais? De fato, o desenvolvimento rápido da industrialização do Brasil, acelerado principalmente a partir do último período governamental de 1954-1960, colocou uma espécie de desafio para a antiga camada industrial brasileira: ampliar as indústrias, remodelando-as e adotando novas formas de organização dos negócios, ou marginalizar-se e sucumbir diante de organizações internacionais que dispõem de capitais abundantes e experiência técnico-administrativa consolidada. O último surto de desenvolvimento industrial fez-se a partir de novas bases, tanto no que diz respeito às práticas produtivas como aos métodos de administração e controle, ambos os processos altamente custosos. O interesse governamental pelo desenvolvimento acelerado levou à escolha de um modelo de crescimento industrial que via nos investimentos maciços de capitais estrangeiros nas indústrias mecânicas e pesadas o meio para transformar rapidamente o equilíbrio tradicional da economia manufatureira do Brasil, baseada nas indústrias leves e de alimentação. Para pôr em prática esta política, o Estado ofereceu uma série de vantagens aos investidores estrangeiros, dentre as quais a Instrução nº 113 que permitia a transferência de equipamentos como entrada de capitais sem cobertura cambial.

Lançadas as bases da nova concorrência no sentido da reorganização das empresas para a produção em séries longas, orientada por especificações técnicas rigorosas, colocou-se o divisor de águas entre as indústrias já instaladas que "deram o salto" e as que se conformaram com o padrão tradicional de produção e administração. Considerando-se as indústrias novas, o ponto de partida foi desvantajoso para as indústrias tradicionais: era preciso rever as concepções sobre "o que é indústria", e, para fazer a "nova indústria", precisava-se de capitais adicionais.

É preciso ponderar que tradicionalmente a expansão de "empresas fechadas" faz-se através da reinvestimento dos lucros, já que não há chamada de capitais "estranhos". Por grandes que sejam os lucros numa economia em desenvolvimento, a aquisição de base técnica nova e a reformulação das práticas de organização industrial dependem de investimentos cujo montante ultrapassa, em média, as disponibilidades para reinvestimento geradas pela própria empresa. Aos antigos grupos industriais restaram poucas opções para enfrentar o desafio do início da produção em série com especificações técnicas definidas. Ou "arranjavam capitais" próprios ou se associavam.

Para "arranjar capitais", o mecanismo mais seguro à disposição das organizações industriais foi a manipulação de favores governamentais: obtenção de "câmbio de custo" para a importação de máquinas, de empréstimos a longo prazo no Banco do Brasil ou no Banco Nacional de Desenvolvimento Econômico etc. Subsidiariamente, foi possível também multiplicar rapidamente as disponibilidades de capital através de fraudes fiscais e do contrabando: desde a época da guerra, muitas indústrias nasceram graças às disponibilidades de capital acumuladas pelo contrabando realizado por firmas importadoras; depois da Instrução nº 113 algumas firmas associaram-se, ficticiamente, a "grupos" europeus ou norte-americanos para obter os favores cambiais na importação do equipamento que lhes era indispensável para a ampliação dos negócios.

Para associarem-se, as organizações econômicas podiam constituir alianças entre grupos familiares ou ligar-se a grupos estrangeiros. Em qualquer dos casos, os processos de formação de capital apontados acima não estavam excluídos. Em geral, a política de crescimento econômico adotada no Brasil praticamente obrigou as empresas tradicionais que quiseram lançar-se à produção tecnicamente moderna, mesmo quando puderam aumentar os recursos de capital pela associação entre grupos familiares, a manter algum tipo de relação com organizações internacionais: contratos de pagamento de *royalties* pelo *know-how*, cessão de parte do controle acionário, aluguel de patentes e marcas etc. Em alguns ramos industriais, como no caso da indústria farmacêutica, em que a base técnica depende do desenvolvimento científico constante, os grupos tradicionais que controlavam o mercado não puderam, a não ser excepcionalmente, suportar a concorrência, "desnacionalizando-se" quase inteiramente.

Poder-se-ia perguntar: por que não "abrir" as empresas para o grande público? À primeira vista parece que a recusa a este procedimento relaciona-se apenas com a "mentalidade econômica" antiquada dos capitães de indústria brasileiros. Assim, para muitos industriais a venda de ações ao grande público aparece, ao mesmo tempo, como uma perda do "espírito de empresa" e como uma perda de propriedade, na medida em que a noção de propriedade, para eles, relaciona-se diretamente ao controle de *algo* concreto, isto é, de *fábricas*. O controle de ações não representa para este tipo de industriais uma forma de *propriedade real*: 93% dos empreendedores que responderam a um *survey* feito por uma empresa de pesquisa de mercado em São Paulo declararam que jamais haviam cogitado de vender ações de suas empresas.

Entretanto, se a reação contra a transformação das "sociedades anônimas" em companhias cujo capital é realmente distribuído entre o público pode revelar, enquanto *opinião*, uma mentalidade não ajustada à prática econômica moderna, disso não se pode inferir que, no conjunto, os empresários brasileiros que não "abrem" ao grande público a venda de ações para formar novos capitais sejam "tradicionalistas". Isso seria transferir uma análise válida para economias altamente desenvolvidas para uma situação econômico-social inteiramente diversa. Numa conjuntura inflacionária (pode-se dizer que a elevação de preços atinge cerca de 80% ao ano), o capital registrado perde a função de exprimir a posição que um *patrimônio* ocupa no mercado. Por isso, a distribuição de ações ao público só não acarreta prejuízos quando se faz previamente a reavaliação do capital registrado. Há dois fatores, entretanto, que dificultam a reavaliação dos capitais. Em primeiro lugar, a legislação fiscal brasileira cobra impostos sobre a diferença entre o capital histórico e o capital atual, mesmo que ela decorra da desvalorização da moeda. Em segundo lugar, o aumento efetivo de capitais realiza-se, em grande número de empresas, através do reinvestimento de lucros não declarados. Sendo assim, a declaração de novos equipamentos para a reavaliação de capital, desde que não tenha havido chamada de capitais de fora, faz reaparecer materialmente lucros que contabilmente desapareceram. A alegação com que os industriais defendem a persistência destas práticas é de que não podem declarar os lucros realmente obtidos porque o imposto sobre lucros extraordinários é cobrado em função da relação entre o capital histórico registrado e os lucros atuais expressos em cruzeiros desvalorizados, que é sempre alta. Existe, pois, uma circularidade: não declaram os lucros porque o capital registrado é pequeno e desta relação resulta a incidência em altas taxas do imposto sobre lucros extraordinários; com os lucros sonegados, aumentam cada vez mais o capital real e torna-se mais difícil atualizar o registro de capitais. Logo, é cada vez mais difícil obter a correspondência entre as ações e o patrimônio. Evidentemente, tais práticas podem ser mais facilmente mantidas nas empresas em que há poucos proprietários ou em que todos pertencem ao mesmo "clã", pois o controle contábil do negócio torna-se muito pouco seguro e os abusos não podem ser verificados nem coibidos quando há sócios sem "mútua confiança".

Esta situação faz com que o capital declarado de muitas empresas que não são efetivamente "sociedades anônimas" não exprima o valor real do patrimônio. Explica-se, assim, por que a distribuição de ações ao grande público só pode ser feita por organizações que já ultrapassaram o estágio de empresa controlada através do padrão tradicional de organização econômica; isto é, por empresas cuja contabilidade precisa corresponder à realidade das transações porque são de propriedade de mais de um grupo de acionistas que não mantêm relações extraeconômicas entre si. A chamada pública de capitais por empresas que ainda não se ajustaram de fato às normas contábeis e financeiras das sociedades anônimas não é, pois, um recurso eficaz para a formação de novos capitais. A distribuição de ações, nestas condições, implica a venda de parte do patrimônio ou a cessão de parte dos lucros por preços abaixo do valor real do negócio. Por outro lado, a alternativa de distribuir ações preferenciais encontra obstáculos da parte do público: a inflação não permite que a poupança seja canalizada para operações financeiras que, em última análise, são formas de empréstimo a juros relativamente baixos. Existe nítida preferência, por parte do público, em colocar suas reservas em companhias de financiamento ou em títulos do tipo de letras de importação, onde é possível obter uma taxa de cerca de 50% ao ano, bem próxima da taxa de inflação.

Algumas companhias paulistas têm tentado difundir a distribuição de ações entre funcionários e operários, mas os objetivos são muito mais de "política social" do que de obter recursos adicionais de capital. Além disso, existe uma pressão popular pela distribuição de dividendos sob a forma de dinheiro que contraria a política de reinvestimentos crescentes que as empresas mantêm. Assim, por exemplo, para evitar a pressão de acionistas, a diretoria de uma empresa mineira está readquirindo as ações preferenciais que havia colocado entre o público. Embora o empecilho fundamental para maior dispersão da propriedade continue a ser o desejo de manter "só a família" nos negócios, os fatores que acabamos de apontar colaboram para impedir modificações nesta tendência.

Sendo assim, o mecanismo básico de acumulação de capitais para a ampliação dos negócios, mesmo quando se consegue organizar consórcios industriais com capitais vultosos obtidos pela aliança de grupos de capitalistas, continua a ser o reinvestimento de lucros não distribuídos. Em suma, para escapar às injunções fiscais de uma política inadequada à realidade econômica atual, as empresas "fechadas" lançam mão de expedientes fraudulentos que "diluem", na massa do patrimônio, novos equipamentos e instalações. Com essa prática diminuem continuamente as possibilidades da distribuição ampla de ações e de sua transformação efetiva em "sociedades anônimas". Escapam deste quadro apenas alguns grandes grupos nacionais e as empresas cujos capitais são controlados por organizações financeiras internacionais. Neste último caso é possível obter suprimento de capitais adicionais através das matrizes. O quadro abaixo, confirmando as análises precedentes, mostra os processos para ampliação de capitais que as empresas de mais de 499 empregados abrangidas pelo *survey* pretendem utilizar em futuro próximo:

As ampliações das empresas serão feitas através de:

Modalidade	Nº de empresas
Recursos gerados na própria empresa	71
Associação com capitalistas estrangeiros	5
Associação com capitalistas nacionais	8
Subscrição pública das ações	5
Recursos fornecidos pelas matrizes	14
Não sabe	8
Sem resposta	3

As entrevistas realizadas confirmam a tendência acima e ampliam a compreensão do mecanismo básico de obtenção de recursos de capital no Brasil quando acrescentam outro dado: os empresários, além do reinvestimento dos lucros, contam com o apoio dos bancos oficiais para fazer novos investimentos. A existência de planos regionais de desenvolvimento fez renascer em muitos industriais a esperança de que poderão beneficiar-se do apoio financeiro governamental. Entretanto, este apoio sempre existiu, embora de forma indireta. Como há poucos instrumentos financeiros oficiais para obtenção de capitais novos, as empresas lançam mão de um expediente. Descarregam nos bancos oficiais e particulares (que por sua vez redescontam) todo o financiamento da produção realizada, através do desconto de duplicatas. Assim, as contas de caução das empresas industriais são quase sempre muito altas. Com isto, elas podem reinvestir todo o capital disponível, o que torna as contas-cauções formas de ajuda indireta à formação de capitais.

Por todos estes motivos, o desafio colocado pelas novas bases da industrialização tem sido enfrentado pelos industriais brasileiros, na etapa intermediária de transformação da organização das indústrias e de redefinição da estrutura tradicional de controle que caracteriza o desenvolvimento industrial contemporâneo do Brasil, através de "soluções de compromisso". Tenta-se construir uma "grande indústria" adotando-se técnicas e expedientes que, do ponto de vista das economias altamente desenvolvidas, são "irracionais". No nível da direção dos empreendimentos pode-se dizer que, mesmo em algumas indústrias controladas por grandes grupos de capitalistas, a orientação dos dirigentes partilha dos valores que informavam o comportamento dos capitães de indústria do período pioneiro: "Quando a firma é impessoal, ela começa a decair. O empresário ainda tem um papel importante. A empresa X (grande organização internacional) está em decadência no Brasil porque já não mais pode ser abarcada por um só homem", declarou o dirigente de um dos maiores grupos industriais de São Paulo.

Seria ilusório, entretanto, supor que as empresas organizadas para produzir com base técnica complexa e concorrer num mercado que começa a ser competitivo não se estejam transformando efetivamente no que diz respeito às formas de direção. Indicamos acima e analisaremos mais detidamente em tópico subsequente que as próprias "empresas fechadas" começam a absorver "administradores profissionais" para a condução dos negócios e que a "mentalidade empresarial" começa a modificar-se. Em maior grau isto ocorre nas empresas controladas pelas alianças entre "grupos capitalistas". A defesa do papel do empreendedor como "homem que se ocupa de tudo" já representa uma atitude que começa a perder eficácia e aprovação. A complexidade crescente das tarefas de direção "empurra" os industriais para um tipo de atividade específico e absorvente: os aspectos financeiros e políticos do empreendimento.

Efetivamente, os mecanismos de formação dos consórcios industriais no Brasil, sumariamente apontados acima, fazem com que os empreendedores, mesmo quando se sintam "fora de seu mundo" nas novas funções – o que ocorre frequentemente com os industriais mais velhos –, sejam levados a dedicar mais tempo para obter recursos financeiros do que para organizar e controlar a produção e as vendas. Contatos com órgãos governamentais, com outros industriais, com os bancos, com sindicatos ou com organizações capitalistas internacionais solicitam as energias e atenções dos dirigentes dos grandes consórcios industriais, forçando a delegação de autoridade para as outras tarefas de direção.

Como a atual etapa de desenvolvimento industrial é recente e provocou transformações nas atividades industriais muito rapidamente, persistem opiniões e atitudes que, muitas vezes, são mais "saudosistas" no plano emocional que "tradicionalistas" no plano do comportamento efetivo. Assim, por exemplo, um dos mais autênticos empreendedores industriais que construíram em São Paulo "consórcios industriais" poderosos, engenheiro profissional, define-se como um *técnico* por vocação, quando na verdade é um *líder* industrial por injunção.

Administradores profissionais na direção das empresas

A direção das empresas industriais só está inteiramente afeta a "administradores profissionais" quando se trata de filiais de organizações com sede noutras áreas. É certo que, em muitas empresas, existe um padrão misto de direção que permite a incorporação paulatina da experiência de diretores não proprietários para a solução dos problemas administrativos e empresariais. Entretanto, estas duas categorias de "administradores profissionais" são distintas. Diferenciam-se não tanto pelo grau de autonomia de decisão, que, como veremos, é relativamente pequeno em qualquer delas, mas por causa dos processos de atribuição, delimitação e reconhecimento de autoridade postos em prática nas duas situações.

Nas empresas que estão sob a supervisão direta dos membros da família proprietária ou de grupos de acionistas, o diretor não acionista é, em geral, um "homem de confiança". Os canais para a aquisição da "confiança" são múltiplos e só indiretamente relacionam-se com a competência profissional. Quando se trata de empresa de famílias estrangeiras ou de empresas controladas por descendentes de imigrantes que guardam contato estreito com a pátria de seus ancestrais, uma das condições importantes para o acesso aos postos de alta responsabilidade de direção é ter a mesma origem nacional dos proprietários. É comum nas empresas pertencentes a famílias italianas, por exemplo, preencher os cargos da diretoria que devem ser entregues a estranhos ao grupo doméstico, através da contratação de funcionários italianos. Muitas vezes um "titulado" por uma escola estrangeira de ensino médio ou superior, ainda que não possua formação específica para direção de empresas, transforma-se em "especialista" e torna-se hierarquicamente superior aos funcionários que têm preparo especializado obtido no Brasil.

Nas grandes empresas os diretores-funcionários são recrutados mais para o exercício de funções técnicas do que empresariais. É relativamente frequente alçar à categoria de *diretor* os responsáveis pelos aspectos técnicos da produção. Com menor probabilidade, o economista pode tornar-se diretor financeiro, desde que a política financeira da empresa se subordine diretamente ao *presidente*. Lateralmente, o procurador, que é um bacharel em Direito, pode vir a ocupar a posição de diretor da empresa. Só excepcionalmente, entretanto, o diretor-funcionário de uma empresa controlada pela família proprietária ou pelos grupos acionistas majoritários ocupa funções realmente significativas para a decisão e a execução de medidas importantes na empresa. Em geral, nas organizações deste tipo, a distribuição dos cargos de diretoria entre empregados visa a atender duas ordens diversas de solicitações da prática econômica: 1) Preencher com elementos mais bem qualificados as funções da rotina administrativa de setores mais ou menos especializados; 2) Compor "diretorias" tendo em vista as imposições fiscais e os requisitos da lei das sociedades anônimas.

Começa a haver nos últimos anos outro tipo de função que pode ser preenchida por diretores-funcionários: a política de relações da empresa com o governo e a comunidade. Esta função, em níveis mais complexos, é geralmente, como dissemos acima, atribuição dos que controlam efetivamente as empresas. No caso de firmas sediadas no Brasil, mas pertencentes a estrangeiros aqui radicados, a contratação de diretores-funcionários para desincumbirem-se dessa atividade ocorre mais comumente quando os grupos proprietários são compostos por pessoas sem possibilidades para o exercício de funções deste tipo, seja porque são desvinculadas dos grupos locais, seja porque se trata de famílias que tradicionalmente dão maior importância ao "trabalho produtivo" nas fábricas, não sobrando tempo para atividades extrafabris. Muitas vezes, contudo, mesmo empresas deste tipo designam diretores recrutados entre "políticos" ou antigos altos funcionários estatais que têm facilidade de acesso aos meios oficiais. Nas empresas estrangeiras, o presidente das sociedades anônimas das subsidiárias locais, que deve ser brasileiro por imposição legal, costuma desempenhar, pelo menos parcialmente, as funções de elemento de ligação entre a companhia e os meios oficiais.

Embora nos consórcios industriais o exercício das posições mencionadas acima seja entregue muitas vezes a diretores-funcionários por causa da especialização da administração técnica, financeira ou jurídica, isto não exclui que se aplique o critério da *confiança* supletivamente. Nas empresas familiares, como vimos, chega mesmo a ser decisiva a confiança depositada num amigo, antigo operário ou velho funcionário. A "lealdade" para com os proprietários continua sendo um critério altamente valorizado nas grandes empresas brasileiras: os postos-chave são atribuídos a funcionários a título de prêmio pela dedicação à empresa. Nas empresas familiares, é, em geral, um antigo empregado que "viu crescer a empresa" que ascende à categoria de diretor. Apenas nas organizações que se formaram pela aliança de grandes grupos capitalistas e nas que, sendo de propriedade familiar, estão sob controle de empresários jovens e são empreendimentos de vulto começa a modificar-se esta prática, porque a complexidade da direção deste tipo de empresa força a adoção de novos padrões de seleção de pessoal para os altos postos administrativos. Nesta modalidade de empresa existe a valorização dos "executivos" jovens com formação profissional especializada. A distribuição de idade dos diretores das empresas de quinhentos ou mais empregados de São Paulo é significativa a esse respeito:

Idade dos diretores de 97 indústrias paulistas	
Idade	Número de diretores
até 30 anos	63
de 30 a 49 anos	556
50 anos ou mais	356

Mesmo sem dados objetivos para as outras áreas abrangidas pelo presente estudo, a observação direta e as informações colhidas com os empresários levam-nos a confirmar a tendência indicada no quadro anterior. Quando há delegação de autoridade e se aproveita a capacidade administrativa de profissionais nas empresas brasileiras, nota-se também que os executivos contratados são jovens: "minha empresa é dirigida por uma equipe de quinze a vinte pessoas, cuja idade varia de 26 a 48 anos", declarou um jovem empresário de Recife que dirige um dos maiores empreendimentos têxteis do Nordeste.

Quanto à autonomia real dos diretores-funcionários, é forçoso reconhecer que ela é pequena. Mesmo nos consórcios industriais, a utilização de "gerentes" para o controle de departamentos e de fábricas constitui a norma. As decisões continuam afetas aos proprietários, muitas vezes reunidos sob a forma de *board of directors*, nos quais podem ter assento diretores-funcionários, mas onde o comando efetivo é exercido pelos proprietários. No caso das empresas familiares, a não ser como exceção, o diretor-funcionário é considerado pura e simplesmente em termos da relação patrão-empregado, como alguns empreendedores deixaram transparecer. Em muitos casos, a "diretoria" é mais uma organização formal, sob cuja capa comandam uma ou duas pessoas que são os "donos do negócio". Trata-se, contudo, de uma formalidade importante, não só por causa das imposições legais, mas, principalmente, porque as empresas podem apresentar-se aos funcionários e ao público como verdadeiras *companhias*. Em mais de um caso, os empreendedores afirmaram nas entrevistas que suas empresas eram administradas "colegiadamente", apontando os cargos que compunham as diretorias, e posteriores declarações ou informações mostraram-nos que, efetivamente, o controle era exercido unipessoalmente.

A posição dos diretores-funcionários das companhias estrangeiras é diversa. Os diretores, sendo funcionários das matrizes – onde o grau de racionalização e burocratização costuma ser grande –, são escolhidos na maior parte dos casos a partir de critérios formais em que a lealdade à companhia, embora esperada, não constitui o requisito fundamental. Este critério pode existir, mas só assume importância decisiva no caso dos brasileiros que são postos à frente dos grupos empresariais estrangeiros e que, na verdade, não exercem o controle real das companhias. No caso dos diretores estrangeiros (e a grande maioria dos diretores de organizações internacionais que operam no Brasil são estrangeiros), trata-se de profissionais que encaram a companhia como um *emprego* e que procuram trabalhar, na medida em que são profissionais ambiciosos e competentes, onde há melhores condições econômicas para o êxito: "Se houvesse um país com maiores possibilidades que o Brasil, eu estaria lá", declarou um dos principais dirigentes de uma grande companhia estrangeira. O "amor à empresa" ou a "vontade de industrializar o país" não constitui, nestes casos, a motivação básica para a ação do dirigente industrial, nem o critério para sua ascensão na hierarquia administrativa.

É preciso considerar, todavia, os matizes que interferem no tipo de engajamento emocional que um diretor profissional de companhia estrangeira mantém com a organização e com a comunidade local. Entre organizações internacionais com sede no país, há muitas que não põem em prática uma política de rodízio dos principais dirigentes. Nestas condições, alguns diretores acabam por se identificar com a companhia e por ter um certo apego à comunidade local: nas empresas instaladas há muitos anos, existem diretores que praticamente acompanharam todo o crescimento das filiais locais. A lealdade básica para permitir a manutenção no posto é, naturalmente, para com a companhia, mas alguns diretores desenvolvem também sentimentos ambivalentes que lhes permitem, em certas circunstâncias, ver a política dos "patrões" ou dos "chefes" da matriz como "errada", tendo em vista as reais possibilidades de expansão das filiais e de desenvolvimento econômico do país. Tanto mais que, muitas vezes, os dirigentes das matrizes prescrevem determinações à base de informações obtidas a distância sobre as condições do mercado brasileiro que não correspondem à situação real do Brasil: as peculiaridades políticas, sociais e econômicas da sociedade brasileira, quando analisadas à base de uma perspectiva formada nos países desenvolvidos, tornam-se quase sempre incompreensíveis.

A situação de instabilidade do mercado brasileiro, a que já fizemos referência, choca-se, amiúde, com as determinações rígidas das grandes companhias internacionais. O grau de autonomia de decisão dos dirigentes locais – mesmo dos mais responsáveis – é muito estreito. A declaração feita por um deles exemplifica bem o procedimento usual de delegação de autoridade posto em prática: "posso empregar, desempregar, aumentar salários e fazer investimentos separados até 40 milhões de cruzeiros." As modificações mais importantes, e nas empresas controladas mais rigidamente mesmo as secundárias, dependem de aprovação das matrizes. Essa situação cria, em geral, dificuldade para as companhias estrangeiras adaptarem suas normas de operação às condições cambiantes do mercado: a racionalização extrema a que estão sujeitas limita-as em face das modificações rápidas da "situação do mercado". Entretanto, os efeitos negativos que este *handicap* poderia trazer para a concorrência são largamente compensados pelas vantagens que estas empresas gozam diante de suas congêneres brasileiras. Em primeiro lugar, a racionalização que elas põem em prática e as previsões dentro das quais trabalham (algumas têm planos e orçamentos quadrienais) constituem por si só um fator de êxito para a produção em massa e, portanto, para o custo mais favorável. Em segundo lugar, a disponibilidade de capitais e recursos as coloca relativamente acobertadas diante da oscilação constante dos preços e da variação na taxa cambial que regula a importação de equipamentos. Em terceiro lugar, como afirmou um dirigente de companhia estrangeira, "talvez momentaneamente o concorrente estabelecido aqui leve vantagem, mas o *know-how* da nossa empresa compensa a desvantagem inicial. Se o *know-how* da companhia falhar [tratava-se de grande empresa internacional], então tudo estará acabado".

Finalmente, têm lugar à parte neste quadro os diretores das empresas de economia mista. Neste caso, tanto a fonte de poder decisório como os limites que a ele se antepõem são de natureza *política* mais que econômica. Por certo, a competência técnica insinua-se como um dos requisitos fundamentais para a estabilidade em posições de mando nas empresas estatais e mistas. Porém, nos níveis mais altos de direção, as nomeações e eleições da assembleia de acionistas costumam recair em industriais ou em pessoas ligadas às "classes produtoras", desde que compartilhem formalmente do ponto de vista do governo, ou em políticos, que estão momentaneamente sem funções legislativas ou executivas na administração pública. Percebe-se também uma tendência a limitar as escolhas a pessoas ligadas a círculos muito restritos de influência econômica e política, ou a delegados destes círculos, por causa dos grandes interesses em jogo nas empresas mistas, representados pelo empreguismo e pelas compras e transações com o setor privado da economia.

Contudo, abre-se com o setor estatal e misto da economia brasileira um campo vasto e experimental para a dinamização de empresários que não têm como fonte de autoridade a *propriedade* nem a delegação da autoridade de proprietários, a não ser indiretamente.

Em suma, se o padrão de controle familiar dos empreendimentos ainda é a norma no Brasil, há pressões dentro e fora do sistema industrial para alterá-lo. É provável, pois, que a administração das grandes empresas venha a ser controlada, em futuro não muito remoto, por um padrão misto em que à participação direta dos proprietários se acrescentará o aproveitamento de "especialistas" e "profissionais".

É inegável que a *origem* da difusão do controle familiar direto sobre as empresas prende-se a razões histórico-culturais: o patrimonialismo das áreas de forte influência da economia agrária e as unidades econômicas de produção baseadas em "famílias", nas áreas de imigração, somaram-se e pressionaram na mesma direção. A persistência deste padrão, entretanto, como esperamos ter mostrado, não se resume a "fatores de atraso cultural". A própria estrutura da economia brasileira, muitas vezes acelerada por elementos conjunturais, redefiniu aquele padrão, fazendo com que, dentro de limites, ele se tornasse uma condição de sobrevivência, num dado momento, para as empresas industriais nacionais.

Atualmente, depois das transformações da economia, possibilitadas por empresas controladas pelo "padrão tradicional" e por outros tipos de empresas, sob influxo das pressões desenvolvimentistas que apontamos no capítulo 2, a manutenção da norma tornou-se um empecilho para a diferenciação e a modernização da economia.

As consequências negativas da persistência do padrão tradicional de gestão das empresas no conjunto da economia brasileira podem ser facilmente evidenciadas quando, ao lado do desperdício da capacidade empresarial a que fizemos referência, se chama atenção para o fato de que num país de escassos recursos de capital o melhor aproveitamento deste fator está diretamente relacionado com o tipo de gestão vigente. Em trabalho recente, a Comissão Econômica para a América Latina[1] indica que a ausência da prática de "delegação de autoridade", ligada à estrutura rigidamente familiar das empresas, impede que se utilize a capacidade produtiva instalada (o capital investido) em mais de um turno diário: faltam, da perspectiva dos empresários tradicionais, "homens de confiança" para desincumbir-se da produção. Da mesma forma, os empresários que encabeçam grupos familiares ao decidir a expansão de seus empreendimentos – como as entrevistas que realizamos apontam e informações seguras corroboram – optam quase sempre pelo aproveitamento de condições que possibilitem a realização rápida de lucros. Esta reação, que até certo ponto é resultante da escassez de capitais, configura-se através de duas formas básicas de expansão dos empreendimentos: a compra de outras empresas (que nada acrescenta ao potencial econômico da nação) e o investimento em empreendimentos que gozam favores do Estado. Noutros termos, persiste um certo aventureirismo que se baseia mais na especulação de favores governamentais e na rapidez com que se pode mobilizar empréstimos para a compra de indústrias já existentes do que na decisão de melhorar o padrão técnico da produção e na previsão a longo termo para a expansão das empresas que são controladas pelos grupos familiares.

De forma semelhante, a decisão rápida dos empresários-proprietários permite brilhantes resultados financeiros na especulação de matérias-primas e de estoques, para reagir às expectativas inflacionárias ou às mudanças de orientação da política oficial, relativas, por exemplo, à importação de matérias-primas (manipulações cambiais, lucros de importação etc.).

Entretanto, não há teoria neo-hirschmaniana capaz de justificar a persistência do controle familiar direto e não burocrático das empresas em nome da facilidade de decisões rápidas. Para manter o desenvolvimento é preciso agregar à rapidez da decisão que expande extensivamente o empreendimento a capacidade de "ir além" do tipo de combinação econômica já alcançada.[2] E, neste caso, o tipo de decisão que a gestão dos patriarcas possibilita é tradicional: o chefe de empresa decide rápido, à base da experiência passada, como *reagir* a uma conjuntura inesperada. Mas a decisão capaz de acelerar o desenvolvimento não diz respeito a uma *reação*, mas à *criação*: ousar e planejar para controlar a conjuntura e modificar a estrutura e não reagir, sem previsão a longo prazo, para manter o controle da empresa nos moldes tradicionais.

Por certo, não se pode atribuir a falta de dinamismo "qualitativo" apenas à persistência dos padrões tradicionais de controle da empresa. Isto seria falsear os verdadeiros problemas do desenvolvimento. As análises que fizemos no capítulo 2 mostram a complexidade do processo de mudança social e a natureza social dos obstáculos que lhe são contrários. Por outro lado, em muitas empresas estrangeiras – sobretudo nas que são mais comerciais do que industriais – houve assimilação das práticas tradicionais de decisões especulativas, e até mesmo "contribuições originais" neste campo. A maior liquidez de muitas destas empresas e os recursos de pressão de que dispõem para empréstimos particulares e oficiais (somados às garantias que o patrimônio de que são representantes oferecem) têm permitido especulações e distorções numa proporção não alcançada rotineiramente por empresas nacionais controladas de maneira tradicional.

De qualquer maneira, o controle doméstico nas empresas clânicas amortece os efeitos das "pressões desenvolvimentistas", quer elas se formem fora do circuito econômico de produção, quer partam dos núcleos mais dinâmicos do sistema produtivo. A diferenciação da estrutura produtiva e a economia de custos (que são inter-relacionadas) tornam-se fundamentais entre as práticas que possibilitam o desenvolvimento. Ora, as decisões de tipo tradicional, fomentadas pela estrutura de controle familiar das empresas, impedem que estes objetivos sejam alcançados com a rapidez possível. Para atingi-los, é preciso modificar também a forma de gerir os empreendimentos. Embora mesmo em empresas burocratizadas persistam manobras e resoluções de tipo especulativo, quando as pressões desenvolvimentistas fazem-se sentir mais fortemente, os mecanismos institucionalizados de decisão facilitam a multiplicação dos efeitos modernizadores na empresa. Nas "empresas clânicas", ao contrário, as mudanças no "espírito" da economia encontram resistência na "forma" de gestão posta em prática. Por isso é necessário um duplo esforço para dinamizar essas empresas: fazer com que aceitem novos objetivos econômicos no processo de obtenção de lucros e torná-las permeáveis a formas de organização administrativa mais adequadas para operar em função dos objetivos econômicos do desenvolvimento.

NOTAS

1. Cepal, 1963.
2. Cf. Albert O. Hirschman, 1958, cap. I.

CAPÍTULO IV Tradicionalismo e renovação:
a mentalidade dos empreendedores

Até aqui consideramos em bloco os "dirigentes de empresa" tendo em vista apenas a posição que ocupam na hierarquia administrativa das organizações industriais. Não distinguimos os tipos rotineiros de ação econômica, que caracterizam o comportamento de parte dos industriais brasileiros, da forma pioneira pela qual muitos conduzem suas empresas. Apenas acidentalmente discutimos formas modernas de organização da gestão industrial contrapostas a métodos tradicionais. Mesmo essa discussão foi feita de maneira que pode levar a equívocos, pois demos ênfase às limitações que as condições estruturais das empresas exercem sobre o tipo de controle e administração que é posto em prática. A partir dessa perspectiva de análise, poder-se-ia inferir que supomos uma relação unilateral entre condições estruturais da empresa e mentalidade empresarial, de tal forma que esta última apareceria como uma espécie de subproduto do alto grau de racionalização das empresas industriais. Ora, ainda que a recíproca seja verdadeira, pois as organizações industriais só alcançam graus elevados de racionalização quando os que as dirigem possuem uma "mentalidade empresarial", a relação mecânica entre condições modernas de produção e mentalidade inovadora dos industriais é falsa. De fato, a "mentalidade inovadora" pode, por um lado, não existir como dado empírico nas empresas cuja organização obedece a "padrões capitalistas desenvolvidos" exatamente porque nelas existe uma rotina altamente integrada que opera mais em função das disponibilidades de capital do que do impulso criador dos que as dirigem, embora possa ter resultado da ação passada de *empreendedores*, na acepção schumpeteriana do vocábulo. Em algumas filiais brasileiras de organizações internacionais, o alto padrão de racionalização e controle técnico das decisões é uma imposição das companhias a que se sujeitam, passivamente, os diretores-funcionários. Por outro lado, a "mentalidade empresarial" pode coexistir com tipos antiquados de empreendimento econômico quando a precariedade destes decorre mais da insuficiência de capitais e da falta de condições do meio social do que da falta de "capacidade empresarial".

Por todos estes motivos, convém precisar o que se está entendendo por "mentalidade empresarial", ao mesmo tempo que é preciso estabelecer mais nitidamente as relações entre este tipo de mentalidade e a prática econômica existente no Brasil.

No nível da análise científica o que estamos designando como "mentalidade empresarial" existe, formalmente, numa economia capitalista concorrencial quando os industriais alcançam consciência da necessidade de "estar à frente dos concorrentes" e esta consciência leva-os à prática de determinados tipos de ação econômica que garantem para suas empresas uma "posição vantajosa" no mercado. O que se constitui em problema para a análise sociológica é passar da caracterização formal para um nível de concretude em que se possa determinar e relacionar reciprocamente tanto as formas que a consciência da situação de mercado e de produção assumem para os industriais quanto os tipos de ação que, sendo consentâneos com as condições histórico-sociais, são capazes de garantir "vantagens no mercado". Afasta-se, portanto, a partir desta perspectiva, a ideia de que a "racionalidade" da ação empresarial é medida através de um padrão universal de inovação em que haveria uma espécie de "progresso" de base técnico-científica a dar corpo, em cada instante, à ação empresarial. Ao contrário, numa economia capitalista, o padrão pelo qual se infere o êxito do empreendimento é o lucro. É certo que, indiretamente, a ação empresarial criadora implica uma mediação em que se faz a adequação entre as condições históricas de realização do lucro e os "meios" – inclusive técnico-científicos – utilizados para obtê-los. Por isto, uma prática que foi compatível no passado com o objetivo fundamental da empresa capitalista pode, no presente, ter de ser substituída por um processo mais "racional", isto é, eficaz, de ação econômica. Neste momento exato, "progresso técnico", "mentalidade aberta" etc. podem coincidir com ação empresarial, emprestando-lhe a aparência de ato social criador por excelência, quando é a forma econômica de manutenção da empresa privada por excelência.

EMPRESÁRIO INDUSTRIAL E DESENVOLVIMENTO ECONÔMICO NO BRASIL

Produção e concorrência

A existência de métodos tecnicamente rigorosos de produção é recente no sistema industrial brasileiro, como apontamos no capítulo anterior. Até à implantação da indústria automobilística, a não ser em empresas excepcionais, em geral ligadas à indústria siderúrgica ou mecânica, as especificações técnicas e a preocupação com o controle dos custos não constituíram a norma no Brasil. Esta situação era possível porque as condições de mercado favoráveis à industrialização formaram-se, como é sabido, pela impossibilidade de a demanda existente ser atendida nos moldes tradicionais: a súbita supressão das importações ocasionada pelas guerras, a política cambial e, posteriormente, as medidas protecionistas[1] garantiram mercados forçados para a indústria nacional e permitiram a acumulação rápida de capitais. Antigas oficinas e pequenas empresas lançaram-se à produção industrial sem ter tido tempo, capitais e pressão da concorrência para alcançar padrões de alta qualidade. Como o mercado consumia os produtos independentemente do preço e da qualidade, os industriais desenvolveram expectativas de lucros fáceis e altos através da produção de mercadorias tecnicamente pouco satisfatórias.

É certo que a substituição contínua das importações estimulou a introdução de empresas mais modernas em alguns ramos de produção e permitiu que muitos empresários renovassem o equipamento, os métodos de organização industrial e as técnicas de produção. Entretanto, pode-se dizer que se realizou, em grande escala, um tipo de "industrialização extensiva". De fato, os industriais preferiram, em geral, aumentar o número de indústrias, ou o equipamento, a melhorar a capacidade produtiva instalada. *Surveys* recentes têm mostrado as consequências desta política: subutilização de fatores, num país subdesenvolvido, e a proliferação de pequenas indústrias de baixa produtividade. Mesmo nos ramos industriais em que se organizaram indústrias modernas, com padrões técnicos razoáveis e capacidade de produção em massa, os efeitos favoráveis das economias de escala viram-se reduzidos pela manutenção de "faixas marginais" no sistema produtivo. Noutros termos, manteve-se uma "dualidade tecnológica" que fez com que existissem concomitantemente empresas com tamanho, organização e base técnica muito distintos.[2]

A industrialização brasileira pôde caminhar neste sentido porque nunca houve uma política de substituição de importações, deixando-se que os estímulos do mercado e a audácia dos investidores regulassem o processo de crescimento industrial. Como a concorrência sempre foi imperfeita, de uma conjuntura em que os concorrentes internacionais influíam apenas num ponto sobre o comportamento dos industriais que produziam no Brasil – o preço interno em cruzeiros era fixado pelo preço teórico da mercadoria estrangeira se ela pudesse ser importada e não pelos custos industriais reais –, passou-se a uma situação em que os preços são fixados em função das empresas de mais baixa produtividade, assegurando-se altos lucros para as mais modernizadas e a sobrevivência das que são obsoletas. Por outro lado, como existem áreas de consumo protegidas da concorrência pela distância em que se acham dos centros produtores mais dinâmicos do país e pelo preço exagerado dos fretes e custos de distribuição, foi possível manter, exatamente nas regiões mais pobres, a possibilidade de altos custos, altos preços, baixos padrões tecnológicos e altos lucros.

A economia nacional, como conjunto, paga, naturalmente, por mais este exemplo de opção pelo "melhor dos mundos". Assim, a situação permanece estacionária deste ângulo, em muitos ramos industriais. A tal ponto que para algumas indústrias não existe o problema da concorrência: "No que diz respeito aos nossos produtos o mercado é praticamente virgem, não existindo concorrência. A empresa nunca teve o problema de colocar sua produção. O que limita a expansão não é o mercado, mas sim o capital." Não é de espantar, neste contexto, a persistência de práticas rotineiras de produção e a manutenção de expectativas de êxito econômico não relacionadas com o apuro técnico da administração e da produção. Acresce que, em certo sentido, os consumidores também não estimulam a melhoria do produto. Assim, por exemplo, um dirigente de empresa gráfica, com plena consciência de que o mercado é capaz de absorver maiores tiragens das publicações (jornais), declarou-nos que não se abalança a aumentar a produção porque isto importaria em investimentos consideráveis no setor da distribuição, redundando inicialmente na elevação do custo unitário da mercadoria (anúncios), prática que encontraria reação imediata dos anunciantes, para os quais *não parece fundamental a relação entre preço do anúncio e circulação da publicação.* Em casos limites este tipo de argumentação leva os industriais a preferirem um padrão de produção restrita com lucro unitário grande, o que representa, sem dúvida, o oposto do sentido da produção em massa das economias capitalistas desenvolvidas. Raciocinando nestes termos, um industrial de tecidos, diante de dificuldades do mercado, resolveu "fazer cada tear faturar mais". Para isto, em vez de aumentar a produtividade, preferiu fazer *tecidos mais caros*, nos quais a margem de lucro é maior.

Na medida em que esta situação persiste em alguns ramos da produção, ela amortece o sentido da produção capitalista desenvolvida, pois mantém o objetivo do lucro sem relacioná-lo diretamente com o desenvolvimento da base técnica da produção, criando estímulos para o apego a práticas tradicionalistas e distorcendo as potencialidades reais de crescimento industrial.

Exemplos de reação contrária a qualquer medida que acirre a concorrência poderiam ser reproduzidos às dezenas. Era indisfarçável a satisfação com que industriais de Recife ou de Blumenau se referiam às barreiras protecionistas que os fretes e o custo de embalagens para grandes distâncias garantem, embora se lastimassem quando focalizavam inversamente a situação, pensando nos mercados consumidores do Centro-Sul. Em casos extremos qualquer dinamismo que provoque aumento da concorrência parece altamente prejudicial, como bem ilustra o depoimento de um empresário mineiro ligado a um banco: "A concorrência desenfreada leva a absurdos. Veja, por exemplo, o que estão fazendo os bancos: horário das 7h às 19h, saques feitos pelo telefone e pagamento em casa, depósitos feitos a domicílio etc. Tudo isto tem de levar à cobrança de taxas excessivas!"

A consequência imediata desta situação faz-se sentir no apego que muitos industriais revelam à procura de lucros através de "tacadas" de sorte (especulação) e de manobras políticas e fiscais. Também neste sentido, o industrial de uma economia subdesenvolvida pode tornar-se, como o dirigente das grandes companhias internacionais, um homem interessado nos "negócios do Estado". Entretanto, ainda uma vez, a semelhança é formal. As significações da ação do dirigente industrial que, no Brasil, está atento às portarias e decretos governamentais e que procura influir junto aos governos para obter concessões, empréstimos, isenções etc. exprimem-se num contexto social e econômico em que a eliminação da competição é tentada como um recurso para manter níveis tecnicamente insatisfatórios de produção e altos lucros unitários. A defesa desta política é feita em nome da necessidade de construir-se a "indústria nacional", o que se justifica até certo ponto, como veremos no próximo capítulo, mas seus resultados ultrapassam frequentemente os propósitos enunciados para se fixar na manutenção de padrões arcaicos de atividades econômicas.

Se acrescentarmos que ao ideal do "mercado fechado" e dos favores governamentais os industriais desta categoria juntam uma visão tradicionalista da empresa, dos operários, do mercado e da sociedade, ter-se-á a imagem do antiempreendedor que a "industrialização extensiva" e a duplicidade tecnológica, favorecidas pelos mercados de concorrência imperfeita, continuam a alimentar. De fato, a semelhança entre as representações formadas por industriais deste tipo e a visão tradicional dos comerciantes e fazendeiros do "velho Brasil" é muito grande. A valorização das relações primárias fortemente carregadas de conteúdo emocional e o apego a formas tradicionais de convivência completam, no plano da ação dentro da empresa, os ideais pouco competitivos que nutrem com relação ao mercado. Desconfiam de qualquer prática que dependa da formalização dos contatos e, portanto, da definição de regras gerais de conduta capazes de serem institucionalizadas. Como regra válida para a solução de quaisquer problemas, acreditam na "experiência", que nada mais passa a ser do que a rotina em que se habituaram a trabalhar. Como método para manter a ordem na empresa e contornar possíveis conflitos, acreditam sobretudo na capacidade que dispõem de manipulação dos empregados através de relações diretas. Se pudessem, estenderiam a mesma técnica a toda a sociedade, mesmo além da empresa, infiltrando-se nos mercados pela persuasão pessoal capaz de induzir o consumidor a comprar, e influindo "nos políticos", mais do que "na política".[3] Em casos de inadequação extrema às alterações da conjuntura econômica, não são capazes de rever as concepções que se formaram no período de "estabilidade econômica", e desejam manter numa época inflacionária uma política de "liquidez", em lugar de assumir compromissos financeiros crescentes a prazo para manter altos os estoques de matérias-primas e renovar o equipamento.

Está claro que a persistência destas crenças e práticas liga-se à falta de pressões modernizadoras na sociedade capazes de alterar os padrões vigentes desde o passado. No Nordeste, por exemplo, onde o patrimonialismo foi mais vigoroso que no Sul, o êxito das práticas patrimonialistas dentro das fábricas encontra condições favoráveis no excesso de oferta de mão de obra desqualificada e, portanto, na baixa capacidade de barganha dos operários. Não cabe analisar aqui as causas desta situação, que faz com que mesmo nas cidades os valores rurais tradicionais ainda sobrepujem os ideais urbano-industriais de vida. Suas consequências são suficientemente nítidas para justificar a persistência de práticas tradicionais de controle dos operários:

> Existe um espírito paternalista em Pernambuco, mas os operários se adaptam bem a este sistema. Um operário aqui pode ganhar menos, mas se for bem tratado não vai para outra fábrica, ainda que ofereçam melhores salários. Há operários aqui que arriscam a vida para defender os interesses dos patrões. Isto aconteceu comigo. Aqui nesta fábrica nunca tivemos greves nem dissídio coletivo.[4]

Não obstante, quando começam a delinear-se situações em que as expectativas tradicionalistas se tornam econômica e socialmente inadequadas, a falta de compreensão pelos industriais da "nova situação" transforma-se em fator de amortecimento da mudança social. A modernização do comportamento operário, por exemplo – que começa a estender-se a todo Brasil sob pressão de interesses nacionais das lideranças sindicais e partidárias –, desperta pronta reação por parte dos industriais tradicionalistas. Eles passam a ver, em toda parte, como os setores mais retrógrados das classes dominantes tradicionais, a ação oculta do "comunismo". Em casos extremos, apelam para a violência. Em regra, recusam-se a negociar sem que antes os operários abram mão da autonomia de ação representada pela escolha da forma e dos meios de pressão:

> Aqui não precisamos de sindicatos, declarou um industrial de Blumenau. O sindicato serve para proteger os operários, mas quem protege nossos operários somos nós mesmos. Uma vez houve uma greve na fábrica.

Nem a mim deixaram entrar. Fui para casa e fiquei lá um mês; quando depois de um mês vieram me procurar, disse que em casa não era lugar para tratar assuntos de fábrica e muito menos de receber operários. Se quisessem falar comigo, que desocupassem a fábrica. No dia seguinte o trabalho recomeçou e tudo voltou à normalidade como se nada tivesse acontecido. Não fiz a menor concessão e os comunistas saíram desmoralizados.

A modernização de alguns setores do serviço público, a participação crescente das massas urbanas na vida política, com reflexos inevitáveis no comportamento dos trabalhadores dentro das empresas, e mesmo fatores tão neutros politicamente quanto a maior complexidade do mercado fazem com que os industriais tradicionalistas sintam-se "deslocados" na sociedade industrial de massas que a própria industrialização torna uma possibilidade. A análise das reações dos industriais à Sudene, por exemplo, é significativa para exprimir esta perda de coordenadas. Eles sentem, mais do que sabem, que é preciso "modernizar" as empresas para dinamizar a economia. Percebem que sem a coordenação estatal o êxito dos programas de investimentos, dos quais serão os maiores beneficiários, ficará comprometido. Apegam-se, entretanto, a valores e aspirações que são incompatíveis com a "nova situação" criada pela Sudene: desejam a liberdade absoluta para o empresário cometer equívocos e a persistência da influência pessoal nas decisões dos órgãos técnicos do governo. Por isso, a não ser pelos dirigentes de empresas modernas, a reação média do industrial à Sudene é de que ela "é meio fechada, pois não mantém contato com os industriais. Afinal de contas, nós representamos uma experiência, e não acredito que esta experiência possa ser desprezada".

Seria errôneo, todavia, pensar que entre os industriais que dirigem empresas interessadas neste tipo de política não existem *empreendedores*. Existem. Porém as condições sociais que delimitam os marcos da ação econômica dos setores da indústria brasileira a que nos estamos referindo canalizam as energias criadoras dos industriais para a prática de ações em que os limites do espírito de aventura e do espírito da produção capitalista são fluidos. Em certo sentido, repete-se no Brasil, noutro contexto, a pré-história do capitalismo. Como, então, distinguir o que é rotina do que é inovação, o que é aventura do que é realização industrial na atividade de industriais que procuram "fechar o mercado" e não consideram fundamental o desenvolvimento tecnológico da produção?

É preciso distinguir, primeiro, os níveis em que pode ser pioneira a ação de industriais que trabalham em empresas antiquadas, que não visam a obter mais lucros pela produção em série, pelo desenvolvimento tecnológico constante e pela organização racional das empresas. Esquematicamente, as virtualidades empresariais destes chefes de indústrias podem manifestar-se em dois tipos básicos de procedimentos: 1º – Na construção de situações sociais que permitem "controlar" os fatores que no meio brasileiro são fundamentais para a acumulação de capitais; 2º – Na construção de "situações de trabalho" em que as condições técnicas precárias de produção e a força de trabalho são exploradas até o limite da irracionalidade. A transformação destas virtualidades empresariais em espírito moderno coloca-se como uma possibilidade ou como uma barreira insuperável no momento em que as condições do mercado acirram ou modificam o teor da competição e desafiam o "salto para a frente".

Tipicamente, os industriais que concentram os esforços e a argúcia em cada um dos dois tipos básicos de procedimento aludidos acima distinguem-se pela "mentalidade econômica" que os anima. Em qualquer deles, contudo, o pioneirismo não se liga propriamente às "virtudes burguesas" típicas, mas à maneira pela qual eles exploram ao máximo as potencialidades do meio social brasileiro. O espírito de aventura está mais próximo da primeira categoria de industriais a que nos referimos acima do que o espírito de coordenação do conjunto. E o espírito de usura, mais que a poupança metódica e a exploração racional da força de trabalho, constitui o apanágio dos industriais pioneiros que "conseguem tirar dinheiro de pedra". Como resultado da ação destes homens, que chamaríamos de *capitães de indústria* para diferençá-los dos modernos *homens de empresa*, cresceu em São Paulo uma indústria relativamente importante, produzindo à base de meios técnicos precários, animada por industriais que alcançaram uma consciência muito limitada dos problemas que eles próprios, com sua atividade, iam criando para si e para a nação.

Os capitães de indústria

A quebra da rotina entre os capitães de indústria que se orientam no sentido da manipulação dos fatores que propiciam a acumulação fácil e rápida de capitais pode ser exemplificada pela prática utilizada no início do século por um industrial que trabalha com produtos alimentícios e tornou-se um dos maiores capitães de indústria de São Paulo. O procedimento para compra de matérias-primas era totalmente empírico naquela época. Dependia do preço de oferta no dia em que o comprador necessitava do produto. O industrial em questão, entretanto, mandava para o interior agentes de compra munidos com um questionário tosco, elaborado por ele mesmo, que permitia aquilatar a extensão e o estado das plantações. Os questionários, depois de preenchidos e recolhidos, eram analisados pelo industrial, que, assim, previa aproximadamente e com antecedência o montante das safras. De posse destes dados, passava a operar no mercado: comprava e estocava quanto podia as mercadorias cuja safra seria pequena em futuro próximo. Com isto, produzia mais barato que os concorrentes, impunha preços elevados para a revenda dos produtos nos momentos de escassez e acumulava altos lucros. Procedimento tipicamente aventureiro, dir-se-á, porque visava ao açambarcamento e à especulação. Entretanto, com os capitais assim acumulados, este industrial-comerciante construiu um império fabril e foi capaz, exatamente porque possuía certo "espírito científico", como disse o entrevistado que prestou estas declarações, de fazer com que suas empresas "estivessem à frente" de todas as demais no gênero.

Persiste na atualidade a prática de "manobras de mercado" que asseguram altos lucros aos industriais, sobretudo nos setores em que a matéria-prima permite fácil açambarcamento. Na época da guerra, por exemplo, o comércio de fios, mais que a produção de tecidos, permitiu rápidas acumulações de capital. Tipicamente, entretanto, o industrial comerciante, bem como o industrial que se preocupa mais com a rapidez da acumulação do que com o progresso técnico de suas empresas operam no presente de forma diferente. A obtenção de financiamentos governamentais a longo prazo ou de "licenças especiais de importação" constitui a preocupação constante deste tipo de empresários. Em geral seus intuitos e mentalidade econômica são ambíguos: eles desejam "construir uma indústria" com técnicas modernas de produção, mas sabem que a construção rápida das indústrias depende de grandes capitais cuja fonte mais abundante na situação brasileira ainda é o Estado. Não é por acaso que este tipo de empreendedor é mais frequente entre brasileiros de famílias tradicionais, que passaram a interessar-se recentemente pela atividade industrial. Desprovidos de capitais, mas muitas vezes bem relacionados junto às esferas governamentais, estes empreendedores lançam-se a toda sorte de tentativas para influir nas decisões que lhes possibilitem empréstimos e concessões oficiais. Podendo, tornam-se políticos e líderes de categorias profissionais. Na direção dos sindicatos e federações sindicais patronais proliferam líderes industriais "profissionais" que, com o tempo, tornam-se, de fato, empreendedores.

A preocupação com tirar proveito das facilidades oficiais caracteriza a mentalidade econômica deste tipo de capitães de indústria. O Estado patrimonialista, desde que possa ser manipulado, passa a ser o ideal de organização governamental para estes defensores da "iniciativa privada". Como, entretanto, esta condição não é facilmente preenchida, por motivos que analisaremos adiante, eles desenvolvem um julgamento moral maniqueísta do Estado, vendo nele tanto o Bem quanto o Mal. O "lado bom" do Estado é representado pelo Estado protetor: "O Estado deve proteger os industriais por meio de financiamento a longo prazo e juros baixos", ou então: "O governo deveria emitir o suficiente para que a Carteira de Redescontos do Banco do Brasil tivesse meios para descontar, rápida e automaticamente, todos os títulos industriais em poder dos bancos particulares. Sendo assim, a indústria poderia obter créditos com maior facilidade." Depoimentos como esses foram recolhidos em grande número nas cidades onde as entrevistas foram feitas. Dir-se-á, dada a responsabilidade econômica dos entrevistados, que não permite supor ignorância dos mecanismos financeiros, que os industriais, ao falar do Estado, passam para o terreno mitológico. Cada industrial acrescenta ao mito do Estado protetor uma nova versão, recriando, no plano da utopia, as condições para o lucro perfeito.

Os industriais desta categoria, mesmo quando são contrários às intervenções estatais, acreditam e desejam firmemente que o governo desempenhe uma ação supletiva que lhes garanta possibilidades mais fáceis de êxito econômico: "O Estado deve secundar a iniciativa privada, criando condições para que a indústria possa desenvolver-se plenamente no regime de liberdade"; "Os investimentos estatais são necessárias nos setores em que a baixa rentabilidade ou o excesso de riscos desestimulam a iniciativa particular". A solução proposta por um industrial mineiro que idealizou um sistema de "bola de neve" para multiplicar os investimentos estatais e beneficiar a iniciativa privada mostra, em sua ingenuidade, a aspiração não confessada de quase todos: "Deveria haver uma rotatividade de recursos, ou seja, o governo deveria investir, ceder as ações, fazer outro investimento com o novo capital e assim por diante."

A representação correspondente e oposta à do Estado protetor aparece quando pensam no Estado intervencionista. Embora, objetivamente, as mesmas condições que fazem do Estado um instrumento de distribuição de benesses aos industriais lhe permitam, quando não o obrigam, agir como elemento controlador da "livre empresa", para estes industriais as intervenções do Estado se apresentam sempre como desastrosas:

> A intervenção estatal é a pior possível porque suas consequências são imprevisíveis. O Estado é mau patrão e mau administrador; os empreendimentos estatais têm problemas que jamais surgiriam nos particulares.
>
> Os investimentos do governo são demagógicos, ineficientes e inoperantes. O governo não deve ser empreendedor, nem mesmo naquelas áreas onde a livre iniciativa não tem recursos para ingressar, pois estas áreas interessam ao capital estrangeiro. Veja a indústria automobilística, por exemplo, que só traz benefícios ao país. Em outros casos o governo deve estimular a livre iniciativa nacional e protegê-la, mas nunca realizar ele mesmo indústrias, pois, como sabemos, as empresas do governo são sempre deficitárias.

Depoimentos insistindo em que o Estado é mau patrão e ineficiente foram coligidos em todo o Brasil, frequentemente dos mesmos industriais que desejam apoio governamental para seus empreendimentos e ação planificadora do Estado para promover o desenvolvimento. O princípio da não contradição parece não ter vigência quando se passa para a fabulação moderna dos industriais brasileiros. Como num mito, o tempo que define os dois polos da fábula do Estado é descontínuo e as qualidades que constituem o personagem se reconstroem em cada momento que dá sentido à narrativa. O Estado que socorre a "minha indústria" nada tem a ver com o Estado mais abstrato que ao legislar e agir intervém na vida econômica e se torna símbolo eterno da antiempresa.

A atitude revelada por este tipo de empreendedores não indica, entretanto, que a capacidade de manipulação das condições sociais subjacentes ao processo de industrialização no Brasil seja inteiramente canalizada para acumular rapidamente riqueza sem outros propósitos. É certo que muitos industriais recrutados entre pessoas com qualidades como essas – mais afeitos aos negócios do que à produção – acabam por desviar parte do lucro obtido para a compra de imóveis ou para a remessa de dinheiro para o exterior, e, a partir de certo ponto, as atividades que desenvolvem não podem ser consideradas "empresariais". Porém, na medida em que tais técnicas são utilizadas para obter a acumulação de capitais *para serem efetivamente investidos na indústria*, funcionam como outro recurso qualquer de acumulação. O depoimento de um industrial mineiro sobre a forma pela qual sua empresa acumula capitais ilustra bem a "passagem" ou a mudança de sentido de uma técnica tradicional de ação para um recurso adequado à construção de uma grande indústria: "Para financiarmos uma nova fábrica, mantemos transitoriamente uma firma imobiliária, como lastro econômico. A nova fábrica será feita com reinvestimentos, financiamento do governo, lucros imobiliários e economia pessoal."

Seria injusto, por outro lado, afirmar que só indústrias brasileiras utilizam técnicas desta natureza: se é certo que há maiores facilidades de contatos políticos capazes de se transformarem em recursos para a obtenção de favores para os que "são da terra", não é menos certo que os consórcios internacionais têm mais experiência e maiores recursos de organização para tentar controlar decisões e obter favores governamentais. Neste caso há o agravante de que a capitalização é muitas vezes obtida através de concessões especiais sem a justificativa da falta de capitais. Chega-se mesmo a comprometer o aval de instituições bancárias oficiais para proporcionar moedas estrangeiras a matrizes de indústrias que têm filiais no Brasil e que *emprestam* para as subsidiárias nacionais, a juros mais altos, o dinheiro obtido com garantias oficiais brasileiras a juros relativamente baixos, como é notório no caso de uma grande empresa recentemente citada em relatório de comissão oficial de sindicância.

O polo decisivo da mentalidade econômica do segundo grupo de capitães de indústria a que fizemos referência anteriormente dirige-se no sentido da valorização absoluta do *trabalho* e da *poupança* como requisitos para a prosperidade. À primeira vista poderia parecer que estes são os verdadeiros empresários, uma vez que classicamente a ascese secularizada e a edificação metódica das empresas constituíram as bases do capitalismo moderno. Entretanto, na categoria de capitães de indústria cuja "mentalidade econômica" se orienta por estes valores, trabalho e poupança não são apanágio de uma situação de racional idade crescente. Ao contrário, muitas vezes constituem expressões extremas de modos irracionais de conceber o trabalho e a vida econômica, que se tornam favoráveis para a formação de empresas modernas por causa das peculiaridades das condições que propiciaram o início do desenvolvimento industrial. Como exemplo de uma situação desse tipo pode-se mencionar uma indústria paulista relativamente grande do setor de alimentação que até 1958 não havia utilizado créditos bancários. Todo o financiamento das vendas e todos os investimentos eram retirados dos lucros da própria empresa, o que, se dificultava a expansão, *economizava* juros. Em muitas empresas, principalmente naquelas em que os proprietários foram imigrantes, as práticas de poupança impõem salários muito baixos para pessoal qualificado de administração, resultando em seleção negativa do pessoal. Noutras, os capitães de indústria valorizam o trabalho árduo, ainda que irracional, e só reconhecem como dignificantes as atividades que se revestem da aparência de "trabalho pesado": muitas vezes mantêm a crença de que a geração mais jovem deve praticar todos os tipos de trabalho existentes na fábrica para estar em condições de assumir a liderança industrial.

Não resta dúvida de que este tipo de avaliação das atividades industriais torna-se cada vez mais negativo com as modificações crescentes das condições gerais do mercado. Entretanto, historicamente, foi deste grupo de industriais que surgiram as pessoas responsáveis pelo início da alteração das condições técnicas de produção no Brasil. Algumas empresas puderam tornar-se grandes e construir equipamentos custosos porque os capitães de indústria que as dirigiam, em geral antigos operários ou técnicos, obstinaram-se no trabalho para construir, com recursos gerados pela poupança quase usurária em que sempre estiveram empenhados, suas próprias máquinas de produção. Entre estes também localizaram-se os primeiros industriais preocupados com as condições técnicas dos concorrentes. A audácia e a obstinação no trabalho, muitas vezes orientado por padrões arcaicos de avaliação econômica e sem ter a conduzi-lo grandes luzes de conhecimento técnico ou econômico, foram as qualidades que permitiram a este tipo de industriais explorar as potencialidades do mercado logo que a conjuntura econômica do país criou os estímulos necessários, graças ao crescimento vegetativo do consumo, ao controle das importações, ao abastecimento nacional de matérias-primas ferrosas produzidas em Volta Redonda e ao isolamento dos mercados mundiais pela guerra.

Quando um antigo chefe de indústria, com qualidades de perseverança, poupança e trabalho, é capaz de aliar o senso da exploração das condições sociais que o meio brasileiro oferece para a acumulação de capitais com a obstinação pelo emprego de técnicas desenvolvidas de produção, delineiam-se as condições para a emergência do que tecnicamente poderia ser chamado de *"mentalidade empresarial"*. Esta se exprime em geral através de concepções quase de senso comum na consciência dos industriais. Revelam, contudo, uma depuração do antigo espírito de aventura e a decantação de uma atitude mais voltada para o trabalho constante e tecnicamente orientado do que para a valorização absoluta da "economia" e do trabalho árduo. Um empresário "da segunda geração" de uma família de imigrantes afirmou:

> O industrial no verdadeiro sentido da palavra não aplica seu dinheiro em negócios imobiliários. Fazem isso apenas os que têm espírito de comerciante. O industrial quer acima de tudo ver o progresso da indústria: visa não simplesmente o lucro, mas também o progresso técnico. Por isto, o industrial que deixa de investir em sua indústria não tem um verdadeiro espírito industrial.

O processo econômico aparece invertido nas ideias sobre o papel do progresso técnico e do lucro: não é este que o industrial deseja, mas aquele, quando na verdade o progresso técnico é a condição para o lucro. Pouco importa, para a análise em questão, que os industriais ajam movidos por uma "falsa consciência" da situação econômica em que desempenham suas funções. As modificações na forma de valorização da atividade empresarial, em si mesmas, indicam uma transformação na situação de mercado, tenham ou não os industriais consciência clara desse processo: a competição obriga a uma revisão nas concepções tradicionais sobre o que é agir economicamente com êxito.

Quando um capitão de indústria alia o grau de compreensão de seu papel como industrial, revelado pelo depoimento acima, à prática de medidas para baratear e melhorar a produção em massa de forma a enfrentar as novas condições do mercado e da concorrência e passa a atuar fora da empresa, ainda que visando a amparar ideias e iniciativas que, indiretamente, beneficiam a indústria (como, por exemplo, programas de assistência técnica, investigações tecnológicas, treinamento e formação de pessoal etc.), estão presentes as condições para que ele se transforme em *homem de empresa*.

Os homens de empresa

Diante dos resultados das entrevistas realizadas, pode-se afirmar que começa a existir no Brasil um tipo de liderança industrial exercida por pessoas cujo grau de consciência dos problemas empresariais está longe de refletir uma visão tradicional da economia e da prática industrial. Não resta dúvida de que os capitães de indústria e os dirigentes que se orientam por valores tradicionais e se acomodam às condições rotineiras da produção industrial constituem a maior parte dos responsáveis pela indústria brasileira tomada em conjunto. A expansão, por assim dizer, vegetativa do mercado e a manutenção da situação de concorrência imperfeita alimentam as possibilidades de sobrevivência de empresas organizadas e dirigidas de forma antiquada, tendo a animá-las níveis acanhados de aspiração e de realização econômica. À frente de algumas grandes empresas encontram-se muitas vezes industriais que se limitam a manter o volume físico da produção e do faturamento. Mas isso não constitui regra geral no grupo das grandes indústrias. Entre empresas paulistas de quinhentos ou mais empregados a pergunta sobre se havia intenção por parte da direção da empresa de introduzir alterações em sua organização foi respondida da seguinte maneira:

Sim	48
Não (o estado atual é satisfatório)	31
Incerto	6
Sem resposta	8

A análise dos motivos declarados que levaram os entrevistados a contestar afirmativamente esta questão, plenamente confirmados pelas entrevistas com os dirigentes, mostra que a renovação técnica é um dos principais determinantes do desejo de introduzir modificações. Respostas do tipo "A única maneira de suportar a concorrência é comprar novas máquinas e aumentar os turnos" exprimem o motivo por que muitos industriais fazem declarações do gênero "Nossa reorganização é contínua", proferidas por seis entrevistados, ou então: "Deseja-se introduzir modificações para evitar falta de produção e desperdício de mão de obra"; "Há necessidade de acompanhar o progresso, que deve ser constante nas empresas que não quiserem desaparecer"; "Procuram-se novos métodos para aumentar a produção".

Empresas preocupadas com a reorganização técnica e administrativa constante e com o aumento da produtividade refletem um novo tipo de liderança industrial. Em oposição aos capitães de indústria e aos industriais tradicionais, os homens de empresa não têm mais a obsessão pelo lucro rápido e imediato obtido pela manipulação do mercado ou de favores oficiais, nem a obsessão pela exploração total e irracional do trabalho ou pelo controle usurário dos gastos. Metodização do trabalho, especialização de base tecnológica da produção, expectativa de lucros a prazos médios e espírito de concorrência são as características básicas das preocupações dos *homens de empresa*. Entretanto, o que fundamentalmente os distingue dos capitães de indústria é que, ao contrário destes últimos, que vivem cerrados no círculo de giz de suas fábricas, os homens de empresa têm as preocupações voltadas para a "sociedade como um todo", embora, como veremos no próximo capítulo, não tenham condições de imprimir ao processo social a direção que lhes convém, nem possam exprimir com sua ação o "interesse de todos".

Até certo ponto, as características relativas ao modo de trabalhar e de avaliar a produção industrial dos homens de empresa podem ser consideradas como expressão de situações econômicas favoráveis. A solidez das indústrias e as disponibilidades financeiras propiciadas pela expansão do consumo e pela lucratividade do setor de substituição das importações facilitam a redefinição das expectativas quanto ao ritmo mais lento de realização do lucro, permitem a definição de uma "consciência concorrencial" e instigam o reequipamento técnico. Contudo, o espírito que anima estes homens na realização das atividades industriais é fundamentalmente distinto daquele que caracteriza os capitães de indústria: no plano da fábrica são movidos pelo desejo de construir uma "indústria verdadeira"; no plano da visão geral que têm do mundo, desejam construir o *capitalismo* no Brasil.

Os empresários desta categoria, embora, como mostraremos adiante, não visem a uma situação deste tipo, definem-se diante da concorrência em termos típicos do período do capitalismo concorrencial: "Nossa organização tem dez concorrentes num de seus produtos, vinte noutro e mais de cem num terceiro. Considero isso muito salutar. Quando a concorrência é leal, é ótima." Outro entrevistado afirmou, referindo-se às transformações que a penetração de organizações estrangeiras provocou em seus ramos de atividade industrial: "Nossa empresa [que afirmou ser controlada inteiramente por capitais nacionais] só é a empresa que é hoje graças ao capital estrangeiro: teve necessidade de reaparelhar-se para competir com os concorrentes estrangeiros." Evidentemente, as afirmações sobre o papel da concorrência, que em geral são estereotipadas, não podem ser tomadas pelo analista como expressão de um *desejo* dos industriais: revelam apenas a forma pela qual uma situação de mercado se reflete na consciência dos empresários. Toda empresa, potencialmente, se encaminha para o domínio completo do mercado. Diante da impossibilidade, em certas circunstâncias, da efetivação deste processo, a ideologia concorrencial exprime e encobre, ao mesmo tempo, a noção que os empresários alcançam da situação de produção. Quando esta situação se define de tal maneira que é impossível "fechar o mercado", os que insistem em fazê-lo estão "um passo atrás" em face da realidade. Os que compreendem a nova situação e tentam enfrentá-la, preparando-se técnica, administrativa e financeiramente para a competição, exprimem a consciência possível das novas condições do mercado e têm *chances* de êxito do ponto de vista dos requisitos da "mentalidade empresarial", necessários para tentar o empreendimento.

Neste passo, quando se trata de empresas familiares, as "virtudes burguesas" podem ser decisivas: "Trabalhamos algumas horas mais que os concorrentes e trabalhamos com mais intensidade também." Quando, por qualquer motivo, a empresa possui condições de desenvolver uma técnica de produção menos empírica, o que acontece frequentemente no caso de empresas de imigrantes europeus com formação técnica ou experiência de um mercado no qual a "qualidade" do produto é importante, da mesma maneira, as *chances* de êxito da competição aumentam: "O *self-made man* do Brasil está aprendendo a trabalhar por um processo de tentativa e erro. Numa situação de concorrência acentuada, que não existe ainda no Brasil, esse tipo de empresário dificilmente sobreviverá."

Quando se delineia uma situação competitiva, é inegável que a capacidade de previsão e a preocupação com o padrão de qualidade tornam-se fatores básicos para o êxito. Poder-se-ia ponderar que estes fatores foram "importados" juntamente com as organizações estrangeiras, nas quais, como afirmamos, as "qualidades empresariais" estão objetivadas nas "normas da produção e administração científica", cuja execução, depois de criadas nos países de origem, é função direta das disponibilidades de capital. Isso, porém, é uma meia verdade. Muitas empresas estrangeiras instalaram-se no Brasil há muitos anos sem ter contribuído para a redefinição das práticas industriais. Somente quando a pressão nacional pelo "desenvolvimento econômico" fez-se no sentido de exigir a instalação de "indústrias de verdade", *verbi gratia* as automobilísticas e as de construção naval, com toda a coorte de indústrias complementares ou de base para dar curso àquelas, houve, de fato, a introdução de normas técnicas modernas de produção. A partir deste momento as indústrias intensificaram sua modernização. Por isso mesmo, também no que se refere às indústrias estrangeiras, a "previsão econômica", a preocupação técnica com a qualidade do produto, a expectativa de lucros menos imediatos e mais persistentes a longo prazo constituíram "problema" para a readaptação às novas condições do mercado. Sem dúvida, não faltaram recursos econômicos, financeiros e técnicos para estas indústrias enfrentarem a nova situação, mas a "capacidade empresarial", *stricto sensu*, e a capacidade para definir uma política realista para as empresas dependeram também da visão e da ação dos dirigentes, como pudemos verificar pelas entrevistas. Esse processo torna-se ainda mais complicado no caso das empresas estrangeiras do que no caso das sediadas no Brasil, porque, como vimos no tópico precedente, o controle daquelas organizações é feito em dois níveis, o local e o internacional, e a dinâmica do ajustamento dos interesses e das influências dos dirigentes de cada um desses níveis provoca, muitas vezes, conflitos e desacertos.

Em quaisquer circunstâncias, portanto, as "condições da empresa", em si mesmas, não suprem a ação dos empresários. Sem que elas se delineiem favoravelmente não há êxito possível para o empreendimento. Mas, sem que a direção aproveite realística e oportunamente as condições do meio e as *chances* para dar o "salto para a frente", as organizações industriais, por poderosas que sejam, podem apenas marcar o passo. No nível das empresas o problema para o *manager* das organizações internacionais é tanto o de "adaptar o *know-how* às condições particulares do lugar onde operam", como declarou um entrevistado, quanto o de sintonizar com a evolução do mercado, de forma a definir programas ao mesmo tempo rígidos, na medida em que precisam impor a formalização e o cumprimento das decisões, e flexíveis, para atender ao estágio da economia brasileira que se caracteriza pela instabilidade.

Por outro lado, para evidenciar a autonomia relativa que a "mentalidade empresarial moderna" assume em cada caso particular, depois de constituída pelas condições do mercado e pelas pressões do meio social, basta referir que para muitos empresários as características desse tipo de mentalidade foram um *ponto de partida*: "Desde o início tentamos colocar no mercado produtos de boa qualidade a fim de valorizar e criar condições favoráveis para as mercadorias nacionais e vencer a desconfiança quanto à capacidade da indústria brasileira", declarou um empresário nacional que opera no ramo de autopeças e enfrentou grandes dificuldades para a consolidação de sua empresa. "Mesmo no período da guerra e do pós--guerra", disse outro entrevistado do grupo dos homens de empresa, "nossa organização não se desenvolveu rapidamente. Porém, durante longo período preocupamo-nos com estudos de método, de organização etc. Hoje somos a única firma nacional situada entre as maiores empresas do ramo no Brasil."

Noutro caso, um empresário, que é diretor-funcionário de empresa brasileira, afirmou significativamente que "se a indústria não tem *comprometimento*, ela não pode racionalizar-se inteiramente". Por *comprometimento* o entrevistado queria exprimir toda uma atitude nova diante do problema técnico-industrial. Enquanto tradicionalmente as indústrias no Brasil timbram por equipar-se de forma a utilizar quanto possível máquinas universais, pois elas possibilitam mudar rapidamente o produto uma vez que não impõem compromissos com um determinado tipo de mercadoria, as indústrias animadas por homens de empresa devem tender, na opinião do entrevistado, a utilizar máquinas especializadas, que supõem alto grau de desenvolvimento tecnológico e grande capacidade de absorção dos produtos pelo mercado. Nesta atitude revela-se a dimensão "vontade de construir uma indústria verdadeira", isto é, capaz de competir em bases técnicas avançadas, que diferencia os homens de empresa do padrão tradicional de industriais. É inegável que, no Brasil, comprometer a produção com um tipo ou padrão de mercadoria ainda é uma ousadia. Mesmo em indústrias poderosas e tecnicamente razoáveis os empresários, podendo, optam rotineiramente por máquinas capazes de produzir vários tipos de mercadoria:

> A grande indústria nem sempre pode especializar-se. Isso não é possível, por exemplo, quando produz artigos que têm maior saída em determinadas épocas do ano. No resto do tempo as máquinas não podem ficar paradas. A produção de vários artigos, neste caso, permite um faturamento estável durante o ano todo.

Esta seria a *atitude prudente*, para obter lucros certos no presente. A outra, de *comprometimento*, indica mais uma expectativa futura de lucro e uma vontade de "fazer algo melhor". No caso das empresas em questão, do ponto de vista das possibilidades materiais para agir de uma ou de outra forma, é inversa a relação entre as "condições materiais" e a "mentalidade empresarial": a empresa economicamente mais forte é dirigida por industriais mais prudentes, a mais fraca, por mais ousados. Uma vive no presente, a outra no futuro. Há, pois, na ação orientada pela mentalidade verdadeiramente empresarial, como em toda criação, um "ato de fé", mesmo quando tenha a motivá-la a simples vontade de poder e riqueza.

Algumas vezes as ousadias custam caro economicamente. As mudanças rápidas nos fatores que intervêm no mercado fazem com que nada assegure, de antemão, se investimentos programados com requisitos técnicos que hão de valer no futuro são realmente convenientes. A longo prazo, supondo-se a permanência do regime – o que é um risco –, é provável que o comportamento dos homens de empresa que "acreditaram no futuro" venha a ser glorificado como uma forma de pioneirismo. Entretanto, como são lentas as mudanças nas condições sociais que interferem no mercado, a duração de uma vida pode não ser suficiente para compensar a troca dos procedimentos rotineiros por expectativas de racionalidade crescente da sociedade que levem à adoção de critérios racionais de organização da empresa e à introdução de bases tecnicamente sólidas de produção. Haverá sempre uma margem de imprevisibilidade em que serão incertos os limites entre o "puro desperdício" representado pelos gastos adicionais da modernização e o "êxito empresarial" representado pela conquista de uma posição vantajosa diante dos concorrentes tradicionais.

A ambiguidade das condições de escolha entre as alternativas que se abrem aos industriais modernos do Brasil – a prudência ou o comprometimento – é tanto maior quanto se sabe que o comportamento individual dos empreendedores não é decisivo para controlar o conjunto da situação em que a ação econômica se processa, e que, como classe, escapam-lhes as possibilidades de imprimir na sociedade um rumo que coincida com seus interesses, como veremos no próximo capítulo. Assim, num sentido, a situação do homem de empresa tem pontos de contato com a do político. Este, mesmo quando assume um ponto de vista pessoal correto, pode tornar-se objetivamente errado desde que não seja capaz de tornar sua posição aceita pelos outros, pouco importando que ela coincida, no momento em que foi tomada, com os interesses verdadeiros daqueles que *vieram* a negar-lhe apoio. A inexequibilidade política das soluções suplanta, então, a veracidade dos princípios. Também o empresário que ousou a renovação com ímpeto pode *ter sido* um "poeta", como o qualificam os mais rotineiros, ou pode tornar-se um magnata. Mas o julgamento será sempre *depois de transcorridos os fatos* e dependerá do desenvolvimento da *situação*. E neste sentido, como escapa-lhes o controle da situação (*i.e.*, o ritmo de modernização e de racionalização da sociedade), as incertezas quanto ao resultado final da ação verdadeiramente inovadora serão maiores ainda que as do político que assume uma posição definida qualquer. O político pode exprimir o ponto de vista de uma classe em ascensão e, neste caso, mesmo que erre, terá sua ação "dirigida para a verdade". Ora, a "verdade" da situação que vai definir o acerto ou o erro do empresário e dar sentido às suas ações escapa-lhe das mãos, para depender da mediação de uma série muito complicada de fatores (capítulo 5). "Poetas" ou magnatas, os empresários que ousarem serão sempre o que os outros fizerem deles, num processo que foge de seu domínio. Por isso, os projetos que os animam acabam irremediavelmente enlaçados numa problemática subjetiva de ambiguidades: falta-lhes a coincidência entre a estrutura que os suporta e o movimento da história, para garantir um momento de objetividade que autentique os propósitos em que se empenham.

A discussão de algumas características do homem de empresa no Brasil mostra que é possível, em larga medida, reencontrar na ação desta categoria de industriais o empresário na forma schumpeteriana: numa economia em desenvolvimento o empresário ainda opera no plano quase puramente econômico para "fazer indústria". Seria um equívoco, entretanto, supor que a ação empresarial se realiza nos termos clássicos. A passagem da concorrência imperfeita vigente nas economias subdesenvolvidas para os mercados monopolísticos e oligopolísticos não se faz necessariamente através da concorrência perfeita. Se até na história dos países onde houve o desenvolvimento econômico originário a "concorrência perfeita" exprime mais a ideologia do capitalismo do que uma realidade efetiva do passado, com mais forte razão, seria ilusório supor que na era do capitalismo monopolístico e do imperialismo os males das economias subdesenvolvidas poderão ser corrigidos pela criação de um mercado concorrencial entre muitos produtores. Existe a boa razão da impossibilidade prática desta solução nos ramos básicos do sistema industrial para reduzi-la à proporção de uma utopia ou de uma racionalização. O desenvolvimento industrial no mundo contemporâneo implica a adoção pelos países subdesenvolvidos de práticas de economias de escala, desde o início da industrialização. Estas práticas, por sua vez, dependem da formação de "grandes empresas". Além disso, a penetração das organizações econômicas internacionais nos mercados dos países subdesenvolvidos, quando não os subjuga inteiramente, provoca reações dos empresários nacionais no sentido de garantir o mercado para "grandes empresas" sob seu controle. Em geral como foi o caso do setor privado da economia brasileira, as grandes empresas nacionais acabam por associar-se às empresas estrangeiras de uma ou de outra forma, tornando-se dependentes, na medida em que são sócios menores. Para evitar esta alternativa e para impedir que o processo de desenvolvimento resulte no controle econômico da nação por grupos privados, a solução existente é a dos monopólios estatais. Neste caso, ou o mercado deixa de ser competitivo, nas economias socialistas, ou se torna, nas economias capitalistas com setores estatizados, de concorrência mais que imperfeita. Em qualquer das hipóteses, a industrialização repousa sobre "grandes unidades de produção" e ausência de concorrência perfeita. Por isso, a ação dos empresários das grandes indústrias dos países subdesenvolvidos se define, desde o início do processo de desenvolvimento, em quadros que comportam não só maior grau de "burocratização" das decisões do que na época do "capitalismo clássico", como maior necessidade de entrosamento dos empresários com o Estado e a sociedade.

Assim, por um lado, na medida em que as empresas tornam-se verdadeiramente grandes, a burocratização administrativa se impõe. A descrição feita por um homem de empresa sobre a maneira pela qual são tomadas decisões em sua organização ilustra o alcance desse processo nas empresas realmente de vulto e racionalizadas:

Não dou pulos grandes na produção. Prefiro perder vendas a descontrolar um plano. Um aumento de produção custa muito caro. Em geral calculamos um aumento de 15% a 20% por ano para acompanhar o mercado. Fora disso, quando é necessário acelerar a produção, reúno o pessoal (isto é, os assessores para marketing, produção, finanças e engenharia) para discutir a conveniência de fazê-lo. Caso a decisão seja favorável, espero três meses, e só no quarto mês o aumento é realizado.

Além disso, nas grandes empresas com sede no Brasil, mas filiadas a consórcios internacionais, a decisão não pode derivar imediatamente do direito de *propriedade*, porque o controle imediato é exercido por funcionários. Por isso, tende a ser *política* no sentido de exprimir o ajustamento entre as opiniões dos grupos de pressão existentes nas companhias. Em regra, é verdade, o equilíbrio entre as forças acaba por definir um homem-chave que assume a responsabilidade e decide. Mesmo assim, o "passo à frente" que as grandes decisões podem desencadear não pode basear-se no "ato de fé" do empresário de estilo schumpeteriano: está limitado e é corrigido tecnicamente pelos relatórios e saldos financeiros acusados nos balanços. Não resta dúvida, entretanto, de que o dirigente típico, mesmo nas firmas estrangeiras, é, na expressão de um entrevistado, um "homem-orquestra". Se não executa e controla tudo, como o capitão de indústria ou o dirigente tradicional, é capaz de decidir no *plano global* e não no plano técnico. Noutros termos, a complexidade da vida econômica moderna impõe, mesmo nas sociedades subdesenvolvidas, determinados padrões formais de comportamento que, na medida em que as empresas crescem, reorganizam os quadros gerais em que o empresário exerce a liderança dentro da empresa e redefinem os tipos de controle que limitam a ação empresarial dentro das empresas. Não são estes quadros e mecanismos de pressão, entretanto, que dão sentido à capacidade empresarial: eles apenas redefinem a maneira como ela se exterioriza. O nexo fundamental depende sempre da relação entre a sociedade em seu conjunto e a forma econômica de produção.

Por outro lado, diante do Estado e da sociedade, os homens de empresa típicos podem ser caracterizados como líderes potenciais da reorganização da ordem jurídico-social no sentido de torná-la uma expressão da economia capitalista. Comparados com os capitães de indústria ou com a massa dos dirigentes tradicionais, os homens de empresa têm uma filosofia nítida de participação ativa na condução dos problemas nacionais, tendo em vista assegurar uma ordem social que permita a expansão da "iniciativa privada". Como resultado da atitude dos homens de empresa diante dos problemas do país, começam a surgir grupos de pressão organizados para interferir na política nacional. Os grandes industriais, sejam eles "tradicionalistas" ou "inovadores", sempre tentam influir politicamente, para obter vantagens que permitam a expansão das *suas empresas*. Alguns elegem "seus deputados", ou têm representantes diretos de seus grupos nas Câmaras. Quando possível, fazem com que os sindicatos e federações patronais interfiram junto aos meios oficiais para aprovar medidas administrativas, legislativas e judiciárias que os beneficiem. Tradicionalmente a pressão é exercida através do contato pessoal, da amizade, da subserviência ou do suborno, dependendo do industrial e do representante da ordem legal em jogo. Entretanto, para o homem de empresa, o problema, muito mais que o da *sua* indústria, é o da *indústria*. Por isso, a influência que eles pretendem alcançar é muito mais geral e completa. Eles não querem apenas subornar, mas impor os pontos de vista da indústria à maioria. Para isso, visam a aumentar o controle dos meios de difusão da cultura e de comunicação em massa e programar campanhas que convençam a nação das vantagens do capitalismo e façam do "homem comum" um defensor da democracia e da propriedade privada.[5]

Formalmente, todo homem de empresa caracteriza-se pela atitude favorável à participação dos industriais na condução dos problemas do país para tentar orientá-los de forma a que seus interesses como "classe produtora" se confundam com os interesses "da nação".[6]

Concretamente, entretanto, os dirigentes de empresa distinguem-se na definição da política que convém às "classes produtoras" e nas expectativas que formam quanto ao futuro do desenvolvimento do capitalismo. Parte dos dirigentes de empresa, quando representantes de grupos de capitais nacionais, assumem posições para defender a "indústria nacional" e, no plano das ideologias, fazem coincidir os "interesses verdadeiros" da nação com o desenvolvimento econômico independente, isto é, sob controle das empresas nacionais. Outros setores do grupo dos homens de empresa consideram que os "interesses verdadeiros" da nação se confundem com o desenvolvimento do capitalismo *tout court*, pouco importando a origem do capital.

Neste nível, os homens de empresa exprimem em planos opostos a visão que têm quanto ao futuro do Brasil e quanto aos meios adequados para torná-la realidade. Enquanto os industriais mais ligados à indústria nacional tendem a manter contatos com os políticos e a representar o mecanismo estatal existente como instrumento para a realização da política nacional de desenvolvimento, os homens de empresa que consideram o "capitalismo ocidental" como a única realidade válida, sem que deixem de utilizar a manipulação tradicional dos meios vigentes de pressão para obter vantagens pessoais, não escondem as preocupações e incertezas quanto ao futuro da "ordem democrática" no Brasil. Têm uma visão cataclísmica do futuro, só abrandada porque acreditam que "começa a despertar nas classes produtoras a consciência do problema". De qualquer modo, são orientados em geral por uma visão pessimista quanto às possibilidades futuras do capitalismo no Brasil, se não forem tomadas logo "medidas enérgicas".

Pode-se generalizar para o conjunto desses empresários a afirmação de um deles:

> Os homens das classes produtoras brasileiras não têm consciência de suas obrigações para com o governo, isto é, com o povo. Têm uma atitude irresponsável. Essa atitude pode levar a problemas sérios como aconteceu em Cuba. Todas as condições que havia em Cuba existem no Brasil: 1ª) a falta de interesse das classes produtoras; 2ª) a desonestidade dos governos; 3ª) a falta de visão da diplomacia americana, que, em Cuba principalmente, influía diretamente na vida econômica.

Se quanto à ideologia pela qual analisam as possibilidades de êxito do capitalismo no Brasil os homens de empresa podem ser divididos em grupos, como veremos melhor no próximo capítulo, quanto à representação do que seja a empresa moderna e do papel dos empreendedores na fábrica existem pontos comuns fundamentais entre os industriais desta categoria.

Eles substituem o paternalismo tradicional por formas de interação com os operários que implicam a formalização das relações entre os grupos sociais que existem nas empresas. A ideia de uma "política objetiva" de remuneração, baseada em "critérios científicos", substituiu as antigas crenças de que mais vale "tratar bem e pagar pouco". A avaliação do salário, pensam, deve ser feita através de análises que considerem a qualificação e a produtividade do trabalhador. Assim, eles creem firmemente na racionalização que elaboram: a sociedade industrial remunera na "justa proporção" a habilidade do trabalho. A noção de "força de trabalho", que permite entender a forma pela qual o proletariado é explorado na economia capitalista, metamorfoseia-se nas crenças empresariais modernas em uma nova noção de "trabalho concreto", na qual a diversidade empírica dos modos de trabalho passa a ser decisiva para a avaliação correta da retribuição (*job evaluation*). Desfaz-se, pois, para o dirigente de empresa, a força explicativa de uma categoria como "classe operária". O que existe como dado imediato são trabalhadores diferenciados, que vão dos mais desqualificados aos "executivos" dos escritórios.

Sendo assim, não há oposições radicais entre grupos na "sociedade do trabalho" em que pensam viver. Todo problema se resume em fazer com que os operários vejam que podem ter êxito na nova situação de produção e podem tornar-se proprietários. Alcançar esta meta é, antes de tudo, um problema de educação:

> O operário sofre as mesmas dificuldades que o empresário sofre: baixo nível cultural e educacional. Cada empresa deve ser uma escola, do ponto de vista da educação técnica, e sobretudo do ponto de vista da preparação cívica do operário. O mais importante não é gastar milhões com entidades como o Sesi; é preciso montar Senais em todas as cidades; o mais importante é educar o operário como cidadão, como pessoa humana. Isso é mais importante do que uma formação especificamente técnica.

Para tornar os trabalhadores "pessoas humanas", os homens de empresa pensam, como é natural da perspectiva capitalista, que devem ser abertas perspectivas de acesso à propriedade. Eles podem discordar sobre o método a ser utilizado para obter este fim – um paternalismo modernizado ou a criação indireta de condições favoráveis para que a vontade de posse e o motivo de lucro penetrem nas classes trabalhadoras –, mas estão convencidos de que a televisão, a casa própria e o controle de algumas ações são essenciais para o bem-estar do operário:

> Sou favorável à democratização do capital – aliás isto faz parte do programa do Ipes –, a começar pelas empresas estrangeiras. Mas os operários deverão comprar suas ações na Bolsa. Levar intencionalmente os operários às assembleias através da venda de ações aos empregados é criar problemas. Neste caso seria melhor financiar a compra de casas próprias. No futuro, quando o nível educacional dos operários for mais elevado, talvez eles possam vir a participar da gestão das empresas.

Além disso, os homens de empresa acreditam que a solidez do regime dependerá do bem-estar dos operários: "Os que usufruem de regalias devem-se convencer de que, para conservá-las, deverão criar condições para que outros também possam ter regalias."

Não se estranha, portanto, que o homem de empresa encare simultaneamente, sem que disso tenha consciência, o objetivo de lucro e as condições sociais para sua viabilidade. A difusão da "psicologia do sucesso" e dos valores básicos do capitalismo entre a massa torna-se tão importante quanto o saldo financeiro da empresa em si mesmo, pois uma é condição do outro:

> O objetivo final da grande empresa deve ser o de transformar cada operário num capitalista. Até nossos dias as condições têm sido adversas no Brasil, mas há sinais de progresso neste sentido. O principal obstáculo está na carência de "mentalidade industrial" por parte do operário, o que impede a poupança de pequenas economias e, por conseguinte, a democratização do capital. Mas, em hipótese alguma e sob quaisquer condições, aqui como nos Estados Unidos, o empresário pode perder o controle de sua empresa.

A justificativa para a manutenção do controle é evidente: o empresário moderno é o herói civilizador da sociedade de massas. Ao controlar a empresa cabe-lhe a *missão* de incutir no povo as virtudes do homem comum da sociedade capitalista, árdua tarefa num país como o Brasil, onde não existe valorização positiva para gratificar o êxito, "pois quem consegue bons resultados é *tubarão*".

Percebe-se, pois, que para os homens de empresa a mentalidade dos operários, embora eles não sejam responsáveis pela situação em que se encontram, constitui o grande obstáculo ao salto para a frente. Mas, com sua ação dinâmica, eles estão convencidos de que conseguirão transformá--la: "O patrão deve educar seus operários e criar neles uma mentalidade financeira, pois o operário não tem espírito de economia e de progresso. Se lhe aumentarem as rendas ou o crédito, o operário aumentará seu nível de consumo sem capitalizar para o futuro" (em seguida o industrial citou um exemplo: a cooperativa de uma de suas companhias era sempre deficitária, pois os operários consumiam até uísque. Depois desta experiência ele aboliu as cooperativas e substituiu-as por armazéns que só vendem gêneros de primeira necessidade e nos quais o crédito de cada operário é limitado a uma porcentagem do salário).

A consciência do empresário aparece, pois, como um negativo de chapa fotográfica: o consumo ostentatório (que não passa, na verdade, de "consumo de massa"), a falta de mentalidade industrial, a incompreensão do "valor do trabalho" são atributos dos operários e não dos empregadores, ainda que eles não os culpem propriamente por sua ignorância. Como contrapartida da visão pessimista da situação da classe operária e otimista quanto à possibilidade de os patrões virem a transformá-la, os homens de empresa não depositam grandes esperanças na atuação dos sindicatos operários. É certo que, ao contrário dos dirigentes tradicionais, eles aceitam as "negociações" com representantes dos operários e com os sindicatos como um mecanismo normal no sistema moderno de produção. Mas não se conformam com a politização dos sindicatos, à qual atribuem as dificuldades de um entrosamento mais aperfeiçoado entre operários e patrões:

> Os sindicatos têm errado tal como os políticos erram. Há nos sindicatos a maior exploração demagógica possível. Os sindicatos nunca procuraram os industriais para resolver certos problemas relacionados com a valorização da pessoa humana, para discutir problemas que podem ser

resolvidos em comum entre empregadores e empregados. Estão todos controlados por minorias, movidas por objetivos políticos que fazem do sindicato fonte de promoção e de luta de classes suicida. Os sindicatos nunca discutiram com os empresários uma série de questões que os industriais estão resolvendo sozinhos.

A falta de correspondência entre as expectativas empresariais e a ação operária reforça na consciência patronal a ideia de que é preciso interferir nos mecanismos de mudança social para obter o êxito final. Assim, os homens de empresa descobrem que não basta pensar em soluções para as organizações que dirigem. Nestas, por certo, a antiga mentalidade imediatista deve ser substituída por uma compreensão mais adequada da *economia capitalista* em que: "as empresas que se ocuparem em se preparar a longo prazo, que fizerem planos, terão êxito, ao passo que as que se preocuparem apenas com lucros imediatos se encontrarão numa situação difícil."

Porém, para que o êxito possa assegurar-se plenamente é preciso também uma compreensão mais adequada da sociedade *capitalista*, tal como a imaginam, e a disposição de torná-la efetiva. Esta compreensão requer uma espécie de ética em que a responsabilidade social do empresário é nitidamente delimitada. A prática da política empresarial baseada nestes propósitos requer mudanças consideráveis na forma de atuação das "classes produtoras" e na maneira como elas se relacionam com o governo e a sociedade. Os sindicatos patronais, como veremos no próximo capítulo, têm sido conduzidos por "pessoas que estão subindo e querem se projetar. Estes homens estão com as vistas muito presas a seus negócios e as entidades de classe só lutam por seus interesses particulares (interesses menores), sem preocupar-se com os problemas na nação como um todo".

É preciso rever a forma de atuação dos sindicatos, os hábitos de favoritismo vigentes e a necessidade de proteção política constante que as práticas sonegadoras e fraudulentas impõem, para que as "classes produtoras" possam exigir do governo que seus pontos de vista pesem decisivamente nas questões econômicas, políticas e sociais que afetam a nação. Será possível, então, que o Estado se desincumba da execução de "planos indicativos" para o desenvolvimento econômico, pois os interesses das classes produtoras estarão devidamente resguardados. Como os interesses das classes produtoras, e em especial o dos industriais, confundem-se com os interesses da nação, deste dia em diante o Brasil será próspero, moderno e progressista.

Como ideologia a posição é clara. Na prática, não só os industriais que têm consciência desta posição são pouco numerosos, como raramente as verbalizações correspondem à ação efetiva. Ademais, como se analisará no capítulo subsequente, as possibilidades concretas de transformar os ideais típicos dos homens de empresa em movimentos sociais capazes de controlar o desenvolvimento social que empolguem a sociedade são limitadas estrutural e politicamente. Como categoria social, contudo, o homem de empresa determina-se com o industrial, que, além de orientar a ação empresarial em termos de previsibilidade e racionalidade crescentes (inclusive na forma de obter o lucro, através de progressos na técnica produtiva, na técnica de organizar os homens para a produção e a distribuição), visa a garantir as condições sociais para a implantação do capitalismo no Brasil, pois só assim mantém efetivamente a possibilidade de continuar a produzir lucros a longo prazo.

Por fim é preciso considerar que se tipicamente a mentalidade dos dirigentes tradicionais, dos capitães de indústria e dos homens de empresa possui as características que lhe atribuímos, em casos concretos há larga margem de *overlaping* e raramente será possível encontrá-las num mesmo empresário. Por certo há motivos na biografia de cada um, na maneira pela qual se foram constituindo socialmente os vários grupos de empresários (ligados, por exemplo, a famílias de agricultores ou de comerciantes, oriundos de grupos imigrantes ou de famílias tradicionais etc.), que explicam a variação das formas concretas de ação de cada empreendedor e das atitudes que exprimem mentalidades diversas. Da mesma forma, enquanto opinião concreta de empreendedores individuais, a mentalidade empresarial se manifesta de forma confusa e muitas vezes contraditória, mormente no que diz respeito a problemas de circunstância que prendem a atenção dos industriais, como, por exemplo, a opinião que têm sobre uma lei ou uma medida governamental qualquer. *Verba volant*. É comum ver-se a mesma pessoa exprimindo pontos de vista diferentes em momentos diversos. Basta que a imprensa e os órgãos de comunicação de massas desencadeiem uma campanha publicitária e os mesmos empresários manifestarão opiniões diversas das que tinham, em função das pressões imperceptíveis que sofreram.

Sendo assim, a adequação científica dos tipos de mentalidade dos empresários dependerá sempre da referência à situação de mercado, que por sua vez reflete, naturalmente, como tantas vezes repetimos, a dinâmica das relações entre os grupos que constituem a sociedade global. Sem a referência aos modos pelos quais os empresários conseguem obter lucros em cada etapa da formação do capitalismo no Brasil, a variedade das opiniões torna-as opacas para a compreensão científica. Mercado de concorrência imperfeita, no capitalismo industrial incipiente, mercado com tendências monopolísticas, em alguns setores da economia capitalista subdesenvolvida, e dualidade típica da forma pela qual se tentou passar da primeira para a segunda situação, na economia brasileira, são responsáveis, em última análise, pelos tipos básicos de mentalidade empresarial. Em todos eles o condicionamento mais geral das representações que os industriais formam sobre si mesmos, sobre a empresa e sobre a sociedade continuará sendo o modo capitalista de produção. Se a ele não fizemos referência explícita neste capítulo foi porque o tomamos como ponto de partida e procuramos ver como o mesmo modo básico aparece de forma diferente na mentalidade dos empreendedores quando as condições sociais que regulam o mercado, e portanto as condições de obtenção do lucro (ou, mais precisamente, a forma pela qual a mais-valia se divide entre os industriais), também se organizam diferentemente. Em cada um dos "momentos" de constituição do mercado capitalista as funções das variáveis histórico-sociais e das disposições subjetivas que elas imprimem nos empreendedores (a partir da própria valorização do trabalho e do enriquecimento como modo de existência que deve ser almejado) redefinem-se. O que num momento pode ter sido positivo, como, por exemplo, o "trabalho árduo" dos imigrantes que se transformaram em industriais, o gosto de aventura (especulação) ou a tendência para evitar dívidas insolvíveis, passa a ser negativo no momento seguinte. A capacidade de "redefinição" da orientação valorativa dos empresários ou a coincidência entre as disposições socioculturais de um grupo particular de empresários com a "conjuntura favorável do mercado" torna-se condições, pois, para o êxito empresarial.

É evidente que do ângulo de cada empresa este processo depende da existência de *pessoas* e da capacidade e possibilidade com que contam os empresários individuais (com formas diferenciadas de personalidade) para mobilizar suas disposições subjetivas de maneira a desempenhar papéis adequados às novas situações. Na análise sociológica, entretanto, os "motivos e incentivos" que permitem o desempenho adequado dos papéis não são vistos do ângulo das personalidades dos empreendedores, nem a questão básica é a da "adequação" das formas de comportamento. A estes problemas, sobreleva[7] a análise de por que se criam "novas condições no mercado" que exprimem, naturalmente, novo contexto social global (cf. capítulo 2), e de quais as características da mentalidade empresarial que permitem a "passagem" do plano dos movimentos sociais que desencadeiam as novas aspirações para a prática industrial concreta. As relações entre uma e outra análise mostrarão ora a "mentalidade empresarial" como uma *resposta* a situações que "se criam", ora como *projeto* de criação de novas situações. A função dinâmica relativa da "mentalidade empresarial" no processo de desenvolvimento depende da forma de participação da burguesia industrial na formação da sociedade industrial moderna: no início do desenvolvimento econômico do Brasil, como vimos, a burguesia industrial antes *reagiu* às inovações que se projetam do que as criou. No presente, como veremos no próximo capítulo, começam a delinear-se disposições em sentido contrário, cujo êxito dependerá, naturalmente, das *chances* políticas que a estrutura econômica e social do país apresentar para a burguesia como classe.

NOTAS

1. Furtado, 1961: cap. V.
2. Cf. Cepal, *Problemas y perspectivas del desarrollo industrial latinoamericano*, 1963: 35-37.

3. A título de ilustração, reproduzimos opiniões de alguns industriais deste tipo no que se refere ao mercado e aos operários. Para justificar o êxito da empresa que dirige, um industrial mineiro disse que "uma das armas com que a empresa conta na luta pelo mercado está no fato de que os contatos com os consumidores são feitos *através dos diretores da empresa*, ao contrário das outras em que eles são feitos por subordinados". Com relação às greves e reivindicações operárias os depoimentos são taxativos: "Em nossa fábrica os diretores chamam os operários de *meu filho*, e nunca tivemos greves", afirmou um industrial de Santa Catarina. A mesma esperança de controle do comportamento operário através do exemplo e dos contatos diretos reaparece nas declarações de outro industrial mineiro.

Disse o entrevistado que jamais tiveram em sua indústria problemas trabalhistas. Nunca tiveram greve. Ele acha no entanto que isto é um caso peculiar e o atribui a ser a empresa um núcleo isolado. Declarou ainda que sua fábrica dá toda a assistência aos empregados e que também, coisa que ele julga muito importante, tanto ele como os outros três diretores (seu cunhado, um engenheiro tcheco e um engenheiro brasileiro que não pertence à família) trabalham diariamente na fábrica: "E é difícil fazer greve contra quem se vê trabalhando o dia todo." E, assim, poderíamos reproduzir dezenas de declarações do mesmo teor.
4. Declaração de um industrial diretor da Federação das Indústrias de Pernambuco.
5. Quando as entrevistas foram realizadas (entre abril e agosto de 1962), alguns dos industriais entrevistados pertenciam ao núcleo, de São Paulo e de Minas, dos *lobbies* que estavam em formação para atuar sobre os meios de comunicação de massas, sobre o processo eleitoral e sobre as instituições governamentais. Nas declarações que eles prestaram – que não coincidem com a prática dos grupos de pressão organizados –, a preocupação era muito mais com "campanhas de opinião" do que com a eleição de representantes dos grupos industriais para as Câmaras. Um dos entrevistados, por exemplo, declarou:

> [...] é claro que somos pelo capital estrangeiro, mas não defendemos imediatamente nenhum país. A coisa será indireta, parecerá um debate. Tudo sairá como matéria paga nos jornais [em *O Estado de S. Paulo*, do qual o entrevistado faz questão de dizer que é assinante há 32 anos, em *O Globo*, que o entrevistado disse ser também um jornal muito bom; já o *Jornal do Brasil* foi considerado "um jornal comunista", e o *Diário de Notícias* "às vezes é comunista, às vezes não", dependendo do dia].

6. As declarações neste sentido são inúmeras. De um dos mais ativos líderes da iniciativa privada em São Paulo, por exemplo, registramos o seguinte: "O empresário moderno precisa ter uma visão geral. Hoje não bastam conhecimentos específicos sobre o ramo industrial em que o capitalista atua. O problema da empresa é o

problema da sociedade." Outro homem de empresa explicitou de forma coordenada os argumentos que são esparsamente apresentados por quase todos os dirigentes industriais da categoria que estamos descrevendo. Transcreveremos na íntegra o tópico sobre "O papel do empresário" do depoimento escrito que nos forneceu·

O PAPEL DO EMPRESÁRIO

É importantíssima a atuação do empresário junto às associações de classe, bem como sua participação na vida política de um país. As responsabilidades que o empresário assume quando colabora na administração de uma empresa crescem à medida que esta progride. No início propiciando trabalho a alguns e remunerando a poupança de poucos, o empresário trabalha e faz progredir o seu empreendimento, sem considerar necessária a sua participação na vida política de sua comunidade. Mas, crescendo o seu empreendimento, abrindo possibilidades de trabalho a cada vez maior número de colaboradores, e, de outra parte, recebendo poupança de muitos e de valor também cada vez maior, e considerando a substancial soma de impostos que entrega aos cofres públicos, sente o empresário que a sua atuação não pode mais ficar limitada ao estudo e solução dos problemas específicos do seu empreendimento. Verifica que, para os seus operários, para os que lhes confiaram suas poupanças e para o país, de nada valerão seus esforços de bom e consciente administrador se certas medidas no setor governamental não forem tomadas, pois a crise que surgirá pela má administração pública irá afetar a produção, prejudicando os operários, que serão dispensados, não compensando o sacrifício daqueles que não gastaram e empregaram suas economias no empreendimento e, finalmente, reduzindo os já insuficientes recursos fiscais encaminhados ao governo. Assim, deve o empresário participar na vida política do país, na defesa dos interesses mencionados, que representam os interesses da própria nacionalidade. Também deveremos considerar que os sindicatos patronais, que reúnem os diferentes setores econômicos, têm a obrigação de "informar" o governo, "informações" essas que devem ser feitas através de uma análise ampla e profunda, de forma a permitir que o governo possa melhor orientar as suas decisões, visando o progresso do país e a elevação do nível de vida de seu povo. Destarte, necessário se torna reafirmar que precisamos, cada vez mais, desenvolver o espírito associativo entre todos os empresários, pois, somente com o esforço de todos, a experiência de muitos, é que conseguiremos resolver os nossos problemas. Será necessário que o pequeno e o grande empresário se convençam de que a sua ação isolada dentro de seu empreendimento, e mesmo que ele esteja devidamente protegido dentro da situação atual, não lhe permitirá sobreviver se algo ocorrer com a situação política. Não será a sua resistência isolada que impedirá que amanhã, através de medidas legislativas, venham a ser estatizados os meios de produção, provocando o seu declínio, a crise, o empobrecimento geral, e afetando irremediavelmente a ação daqueles que se julgavam a salvo. Assim, também deveremos considerar que a própria evolução do sistema democrático em geral e da indústria em particular se beneficia enormemente quando os assuntos ligados ao interesse geral e também aqueles que afetam a cada um dos empresários em particular, sejam de ordem fiscal, educacional, de assistência ou mesmo técnico, são debatidos em associações de classes. É evidente que a soma dos benefícios que cada um dos empresários recebe em seus empreendimentos representa um benefício para a própria nação e portanto para o próprio povo.

7. Está claro que a análise das condições econômicas do impulso de crescimento faz passar, também pelo crivo das relações entre "recursos existentes" e possibilidades de dinamizá-los, a possibilidade de adequação entre a estratégia social de desenvolvimento e os mecanismos concretos pelas quais se poderá atingi-las.

CAPÍTULO V Política e ideologia:
a burguesia industrial

Nos dois capítulos anteriores analisamos os mecanismos sociais de recrutamento dos dirigentes das indústrias, vimos como se exerce o controle das empresas e tentamos caracterizar a mentalidade dos principais tipos de empreendedores industriais. Só transpusemos na análise o nível das empresas quando foi necessário mostrar que os industriais modernos concebem os operários, os sindicatos, o mercado, o Estado e o papel que desempenham na sociedade de ângulos que ultrapassam necessariamente os limites estreitos da família e da fábrica. Para completar esta análise torna-se necessário considerar agora os industriais enquanto classe social. Concentraremos a atenção em três pontos centrais: as condições sociais de formação da burguesia industrial, a forma pela qual os industriais tomam consciência dos problemas do "desenvolvimento econômico" e as perspectivas políticas da burguesia industrial.

Formação da burguesia e ideologia tradicional

O crescimento industrial brasileiro processou-se através de surtos descontínuos desde os fins do século XIX. Estes surtos relacionaram-se, como é sabido, com a coincidência entre as disponibilidades de capital e os momentos da conjuntura econômica em que não houve, por causa das guerras ou das crises cambiais, a manutenção do fluxo de importação de mercadorias consumidas no mercado interno. Somente depois da Segunda Guerra Mundial, e particularmente durante as décadas de 1950-1960, o crescimento industrial do Brasil passou a realizar-se de forma relativamente contínua, podendo operar os mecanismos de autoestimulação do sistema capitalista de produção. Nesta época o impulso para o crescimento industrial teve como condições favoráveis a alta cotação do café no mercado internacional, no início da década, e a política de investimentos estatais, e foi acelerado pelo ingresso maciço de capitais estrangeiros. Anteriormente, a pressão pela "emancipação econômica nacional" havia permitido que se lançassem as bases para a produção de matérias-primas ferrosas e de petróleo. Durante todo o tempo, o crescimento vegetativo do consumo interno e a defesa do mercado, natural ou programada, favoreceram a rápida expansão industrial.

Portanto, a burguesia industrial brasileira constituiu-se como camada social muito rapidamente. Ela resultou da superposição e diferenciação de grupos e segmentos sociais cuja "tradição industrial", no melhor dos casos, não data de época remota: duas gerações de industriais constituem a média entre os "industriais de tradição". É comum ver até hoje grandes empresas controladas pelos fundadores. Assim, da mesma forma que a inexistência de uma "tradição proletária" dificulta a orientação do comportamento operário por valores compatíveis com a situação de classe, a origem não industrial recente dos industriais brasileiros dificulta que se orientem como empresários e que atuem como classe. Muito comumente as formas de consciência, ação e definição de objetivos políticos, econômicos ou sociais que são encontradas na burguesia industrial discrepam do que corresponderia a seus interesses efetivos de classe.

Além do passado pré-industrial recente, a heterogeneidade dos grupos que compõem a burguesia industrial dificulta a descoberta de denominadores comuns que redefinam os valores dos industriais. De fato, considerando-se os polos extremos da extração social dos industriais brasileiros há, num lado, grupos de imigrantes, e, noutro, segmentos das antigas camadas senhoriais que se dedicavam à agricultura ou à exportação. O primeiro grupo supera em número o segundo, por causa da concentração industrial nas áreas de imigração do centro-sul, mas a influência política do segundo grupo é muito grande até hoje. Depois da guerra, somaram-se a estes núcleos básicos novos grupos sociais que impulsionaram o prosseguimento da industrialização. O desenvolvimento acelerado a partir de então possibilitou que se recrutassem industriais nas camadas médias da população urbana: descendentes de velhas famílias "de tradição", mas sem posses, que se ligaram ao funcionalismo público e reencontraram possibilidades de êxito econômico no último surto de industrialização; descendentes de imigrantes já adestrados em ofícios tipicamente urbanos, como o comércio, que foram atraídos para a indústria pelos altos lucros do período da guerra e do pós-guerra; imigrantes que se dedicavam nos países de origem ao comércio ou a profissões urbanas (técnicos) e que fugiram da guerra e do totalitarismo etc.

Em síntese, os industriais brasileiros constituem uma camada social recente e heterogênea. Por isso, se no conjunto ainda não reagem como grupo aos problemas com que se defrontam, é preciso considerar que a "situação comum de classe" é recente e a diversidade dos grupos de origem é grande. Estes fatores dificultam a decantação de modos uniformes de pensar, sentir e agir e dificultam a formação de uma ideologia industrial capaz de nortear a ação de todos em função dos interesses comuns. Além destes há dois outros fatores que atuam no sentido de amortecer o ritmo de integração da burguesia industrial como classe. Primeiro, porque a correspondente falta de adequação dos operários à situação urbano-industrial de vida e a euforia relativa ocasionada pelo rápido crescimento da renda nacional com concomitante incremento real dos salários industriais[1] não permitem que haja uma política operária agressiva nem exigem, por isto mesmo, que os industriais mantenham uma ação coordenada de defesa. Segundo, porque, pelas razões já expostas, o nível de remuneração do capital permanece alto mesmo quando os industriais aceitam as práticas tradicionais e agem mais como grupos ligados às antigas classes dominantes do que como camada que aspira ao poder. Por isso, são ainda limitados os grupos empresariais capazes de postular uma política agressiva de desenvolvimento que aumente o controle político e econômico da burguesia industrial. Eles preferem, em geral, reagir às dificuldades dentro dos limites heterogêneos permitidos pela tradição dos grupos de que provêm: ora apoiando-se na influência das famílias tradicionais a que estão ligados, ora buscando recursos para progredir nas minorias nacionais a que pertencem, ora corrompendo políticos e funcionários para obter, com o dinheiro fácil ou árduo que ganharam, as vantagens, favores ou concessões de que necessitam.

Efetivamente, quando se comparam, por exemplo, as crenças e práticas de um industrial do Nordeste ligado a uma "grande família" com a ação e os ideais de um industrial de Blumenau, filho de alemães, as diferenças são enormes. Está claro que, em alguns pontos, há o denominador comum da procura do lucro e da defesa da propriedade. Mas os meios de que eles dispõem para agir e a forma como o fazem, quando, por exemplo, precisam de um empréstimo ou são colocados diante de situações que envolvem opções políticas, são bastante diversos. Em qualquer dos casos, porém, é provável que respondam antes às experiências tradicionais do que à nova situação de vida que a industrialização começa a generalizar.

Os efeitos desta situação refletem-se sobre as formas de ação e sobre a ideologia dos industriais em vários planos. Se tomarmos cada industrial em particular, veremos que ele se situa na sociedade mais em função dos outros *status* que possui do que do *status* de empreendedor industrial. Assim, referindo-se aos efeitos negativos da heterogeneidade social da camada empresarial sobre a possibilidade de fortalecimento político dos industriais, um dos entrevistados exprimiu-se de forma a mostrar inequivocamente o tipo de avaliação social que para ele tem sentido: "Há três categorias de industriais: 1. Os 'edificadores', que são filhos de antigas famílias empobrecidas, mas dignas, que conseguiram reerguer a cabeça; 2. Os 'nobres', filhos dos que edificaram indústrias e que, nascidos em berço de ouro, passam a dissipar a fortuna; 3. Os 'imigrantes', e destes nem é bom falar..." O exemplo mostra a persistência de padrões estamentais de avaliação em pessoas cuja atividade prática concreta está longe de orientar-se por valores equivalentes. Não obstante, se na fábrica – na vida econômica – a moral capitalista já impera, no julgamento das possibilidades de uma ação comum para a obtenção de vantagens e possibilidades comuns de influência – na vida política – os preconceitos patrimonialistas arraigados desde o passado escravocrata impedem que industriais descendentes de senhores de escravos ou das "famílias de tradição" situem-se socialmente em termos do que Weber chamaria da "posição do mercado". A teia de relações jurídicas tradicionais (proprietário e imigrante sem posse) e de liames de sangue impede que se desenvolva plenamente neste tipo de industrial a consciência de sua classe: eles não percebem que a relação econômica que separa os homens em grandes grupos no processo de produção (capitalistas e operários) também os une em cada grupo (classe burguesa, classe proletária), independentemente de quaisquer outras condições ou interesses que possuam.

No plano da empresa, como salientamos nos capítulos anteriores, a persistência dos valores tradicionais que informavam os grupos de origem dos industriais acarreta efeitos perniciosos porque dificulta a redefinição dos padrões de comportamento para que os empreendedores se reajustem às condições atuais da prática econômica. Enquanto os "grupos de referência" dos industriais permanecerem os mesmos que os orientavam antes de serem industriais, como a "família patriarcal" (rústica, quando de imigrantes, ou senhorial, quando de pessoas ligadas às antigas camadas dominantes do período escravocrata) ou os grupos de vizinhança e de convívio diário e direto, a intercessão de critérios racionais e critérios tradicionais na organização da empresa e na ação econômica permanecerá grande, mesmo no caso de industriais que controlam empresas de vulto. Ora, a heterogeneidade da camada industrial, a possibilidade de altos lucros que o mercado ainda permite para "empresas clânicas", o recrutamento incessante de novos industriais a partir de camadas não industriais e, por fim, a velocidade deste processo propiciam a manutenção do apego aos valores dos grupos primários como único sistema estável de referência para a ação diária. A faixa do comportamento empresarial que decorre da pura "situação de mercado" reduz-se, dessa forma, ao mínimo indispensável para as empresas manterem-se como organizações econômicas que têm por objetivo o lucro.

No plano das "associações de classe" a heterogeneidade da camada industrial e as condições concretas de sua atuação refletem-se da mesma forma, impedindo a definição clara e coerente dos interesses de classe. Em geral, e esta observação decorre do depoimento quase unânime dos entrevistados, os industriais encaram os órgãos de classe como algo que lhes é estranho: "Só cuidam de interesses particulares dos dirigentes quando falam em nome da classe", e assim por diante. Pouco importa saber se a observação é procedente: ela exprime um modo de reação de consequências altamente negativas para as possibilidades de êxito da liderança institucionalizada dos sindicatos patronais. Na realidade, as condições sociais de formação da burguesia industrial impregnam a todos, líderes ou não, de ideais de ação que fazem do êxito a qualquer custo do empreendimento pessoal o objetivo dominante em cada um. Assim, os problemas "da indústria" ou "da economia nacional" contam, em regra, muito pouco diante dos problemas "da minha organização". Não raro, de fato, o apelo aos interesses gerais apenas esconde propósitos exclusivamente pessoais. Frequentemente o acesso à liderança industrial é mais um meio seguro para a solução de problemas das empresas pertencentes aos "dirigentes da classe" do que uma forma de luta pelos interesses comuns. Não obstante, as críticas dirigidas aos líderes e às organizações industriais exprimem também os efeitos da heterogeneidade da camada industrial noutro sentido: a participação nas atividades sindicais impõe, necessariamente, uma dimensão política no comportamento, e a ação política é encarada negativamente pela massa dos industriais.

Esta é uma das contradições fundamentais da ideologia empresarial que orienta o conjunto dos industriais. As condições de formação da indústria, principalmente nas áreas de imigração, tornaram necessária a valorização do trabalho árduo e intenso na fábrica e nos escritórios e acarretaram o desprezo quase completo pelas atividades públicas. A celeridade do crescimento industrial não permite, por outro lado, que a redefinição das expectativas se faça em ritmo compatível com as exigências da situação. O industrial típico, que "viu crescer a empresa pelo seu próprio esforço", tem o horizonte social e cultural limitado à participação direta nos grupos de trabalho e nos grupos de família. Toda atividade que se desenvolva fora dos muros da casa e da fábrica aparece-lhe como suspeita e, em princípio, indesejável. O primeiro impulso é de não participação em qualquer empreendimento que escape aos quadros habituais de ação e de controle. Sentindo-se estranho aos mecanismos políticos que orientam a ação sindical, ele tende a recusar, de plano, qualquer significação positiva neste tipo de atividade, que lhe parece ociosa, quando não espoliadora do esforço alheio. Como as condições de êxito econômico no Brasil dependem de forma crescente de resoluções estatais e da capacidade de pressão dos grupos industriais, a persistência desta atitude leva os industriais a desprezar um tipo de comportamento que lhes é essencial. Por isso, é relativamente fácil a manipulação dos sindicatos por grupos muito pouco numerosos de industriais, quando não de funcionários que sequer são industriais. Apenas como exceção os industriais da primeira geração interessavam-se pelas associações de classe. Só recentemente os "jovens" começam a se opor aos grupos minoritários que manipulam os sindicatos e federações com fins pessoais.

No plano mais amplo da sociedade global os efeitos da heterogeneidade da camada industrial e do rápido crescimento da indústria têm consequências similares. Em que pese a participação crescente da produção industrial na formação da renda nacional, é restrito o grau de controle político que os industriais exercem, *enquanto camada social*, sobre o aparelho estatal. Falta à massa dos industriais a socialização necessária para o desempenho dos papéis a que deveriam responder como cidadãos de uma república democrático-burguesa. Na forma de encarar o Estado, de optar por candidatos ou de propor soluções, eles dissociam a condição de empresários da condição de cidadãos: reagem enquanto "massa de manobra" eleitoral polarizando seus interesses em torno de reivindicações abstratas, como, por exemplo, contra o "alto custo de vida", a "inflação" ou "o governo". Sentem-se, em decorrência disso, sem responsabilidade pela nação e definem-se sistematicamente como um grupo alheio às decisões do governo. Dir-se-ia que reificam "o governo" e o associam a todos os males do país, numa racionalização típica do comportamento das classes médias, às quais se ligam ideologicamente. Por isto mesmo, a participação isolada de industriais ou de grupos de industriais no jogo político tende a caracterizar-se pelo individualismo e, muitas vezes, pelo oportunismo: eles agem para alcançar algum grau de influência que permita proveitos diretos para si ou para suas empresas.

A única forma possível de ação política que se apresenta empiricamente aos industriais (dado que, no conjunto, pretendem ser apolíticos, norteando-se por valores das camadas médias, e, portanto, não podem aspirar a um domínio eficaz de classe) consiste na participação pessoal no jogo de compromissos que a política de tipo patrimonialista ainda dominante oferece aos que têm recursos para arcar com os ônus do clientelismo político. Esta participação é altamente compensadora para os industriais, pois, quando têm acesso às Câmaras e aos Executivos, eles podem obter vantagens econômicas para seus grupos empresariais, mas não leva a qualquer redefinição do estilo político tradicional, nem mesmo no que diz respeito à possibilidade de serem tomadas medidas mínimas que, em tese, poderiam favorecer o conjunto da burguesia industrial, como, por exemplo, reformas fiscais ou administrativas.

Em síntese, as condições sociais de formação da burguesia industrial exercem um "efeito de amortecimento" na concretização das possibilidades de consciência dos interesses de classe que a camada industrial virtualmente possui e dificultam o desenvolvimento de formas de comportamento social compatíveis com sua "situação de classe". Dá-se, pois, com a burguesia industrial, por motivos análogos, a réplica do que ocorre com o proletariado.

O DESENVOLVIMENTO ECONÔMICO E A NOVA IDEOLOGIA

As afirmações acima, que são válidas para o conjunto da camada empresarial, embora, como veremos, comecem a perder sentido para alguns grupos dentro da burguesia industrial, podem ser evidenciadas pela forma como os industriais encaram as condições da industrialização e as perspectivas de desenvolvimento econômico.

Pode-se afirmar, com alguma ousadia, que a maior parte dos industriais mantém uma representação falsa do processo de desenvolvimento econômico em que se vê envolvida e para o qual contribui com sua ação prática. Com efeito, as condições sociais da formação da burguesia industrial apontadas acima fazem com que muitos industriais não percebam que são os maiores beneficiários do desenvolvimento do mercado interno e que, portanto, são favorecidos pelos processos que os incentivam, ainda quando estes possam revestir-se de aspectos diversos e negativos para outros grupos sociais. Assim, por exemplo, os padrões de consumo destrutivo que começam a impor-se no comportamento das massas urbanas, da mesma forma que a inflação que permite e acelera estes padrões, agem, até certo ponto, como fatores positivos sobre a expansão industrial. Não obstante, na medida em que representam o processo econômico em termos das ideologias de classe média, os industriais são os primeiros a condenar, no plano das representações conscientes, o desperdício do povo, a começar pelos gastos dos operários, e a política creditícia oficial que favorece a inflação. É certo que redefinem estas tomadas formais de posição todas as vezes que defrontam concretamente com problemas práticos. Para a empresa que dirige, o industrial acha que é essencial maior crédito, pois só assim será possível evitar o colapso da produção etc. Por isso, a luta das federações e sindicatos contra medidas governamentais que podem afetar o crédito bancário para a indústria encontra apoio pronto, franco e imediato em todos os industriais. Entretanto, quando procuram refletir sobre a sociedade em geral, os industriais apelam para esquemas de análise vulgares que satisfazem mais as racionalizações dos consumidores do que o interesse dos produtores.

Da mesma forma, eles não alcançam, em geral, uma compreensão adequada dos efeitos das revisões de salários mínimos sobre a prosperidade industrial. Atribuem à demagogia governamental a prática de rever os salários mínimos para níveis "muito acima do aumento geral dos preços", e veem por trás de qualquer medida de previdência social interesses inconfessáveis que, em última análise, têm inspiração socializante, quando não comunista. E assim procedem diante de cada situação particular da economia e da sociedade brasileira a que são chamados para opinar.

Contraditória e significativamente, depois de alinhar uma série de catástrofes que a curto ou a longo prazo deverão abater-se *fatalmente* sobre o país, os industriais exprimem, quando questionados sobre as possibilidades de expansão do mercado e de manutenção do ritmo de crescimento econômico, uma inabalável confiança no futuro. À falsa consciência da situação presente juntam um ato de fé quanto ao futuro e, motivados por crenças contraditórias e pouco objetivas, propõem-se a reinvestir cada vez mais. Ainda uma vez se demonstra, neste caso, a cisão entre o comportamento efetivo e a consciência individual da situação em que vão agir: reinvestem porque há, *objetivamente*, condições para novos e maiores lucros; têm *confiança* porque pressentem, mais do que analisam, as condições do mercado; veem cataclismicamente o presente porque, como "novos burgueses", ainda se apegam às crenças e ideologias das camadas de onde provieram e não têm condições para compreender as transformações da economia brasileira e situar-se nelas em função de seus novos interesses. A fragilidade das representações em face da situação real é manifesta. Diante de qualquer alteração cíclica da conjuntura econômica que perturbe o ritmo das investimentos e dos rendimentos esperados, a opinião dos industriais se modifica, substituindo-se a euforia pelo pessimismo. Parece-lhes que, por fim, as catástrofes se aproximam e que só a contenção econômica – que não querem e não podem suportar – e a austeridade política podem salvar a nação. Falta-lhes, pois, uma teoria que conduza coerentemente a ação. Mas esta falta não é acidental: qualquer formulação objetiva do processo de crescimento industrial acaba mostrando que a indústria nacional está presa a um padrão acanhado de comportamento econômico que tem suportes contraditórios no investimento estrangeiro e nos investimentos estatais. Entre estes dois polos a burguesia nacional hesita incessantemente, temendo ora a alienação do patrimônio, ora a perda do controle político da nação. Isto quer dizer que qualquer teoria objetiva do papel da burguesia no processo de desenvolvimento e do próprio desenvolvimento acaba apontando para um beco sem saída e que, portanto, a ação econômica dos industriais termina tendo de ser orientada antes pela opinião do dia a dia ao sabor do fluxo e refluxo dos investimentos estrangeiros e da política governamental do que por um projeto consciente que permita fazer coincidir, a longo prazo, os interesses dos industriais com o rumo do processo histórico.

 É ilusório supor, todavia, que a "falsa consciência empírica" que a burguesia tem da situação econômica do país e de seus interesses e possibilidades de classe opere no processo de industrialização sem acarretar efeitos concretos sobre a possibilidade de expansão econômica e sobre as condições em que se processa a formação da "sociedade de massas" no Brasil.

Por um lado, não definir-se no plano das representações enquanto um grupo com consciência de si, na medida em que esta ausência de definição não impede a ação concreta no nível do mercado em função de interesses puramente lucrativos, facilita a assunção de uma forma ideológica de representar-se que coincide com os mais profundos interesses que a consciência burguesa pode alcançar: o industrial vê-se subjetivamente como Povo e por isso mesmo tem maiores probabilidades de ser reconhecido socialmente como tal. Não se identificando subjetivamente com o governo, pois em parte não está objetivamente a ele ligado, o empresariado tira o máximo de proveito do fato de ser classe economicamente dominante sem ser de forma total camada politicamente dominante: exige como *povo* proteção e benesses; influi como burguesia na obtenção de seus desígnios; reclama como nação os desmandos da política governamental; e paga como sócio comanditário do Poder o preço do clientelismo que garante a persistência da dominação política das classes médias tradicionais e dos proprietários rurais.

Ao assumir posição crítica com relação à ordem jurídica vigente, na medida em que esta se liga a formas tradicionais de dominação, e ao exprimir-se como um grupo cujo modo de produzir é mais racional e mais consentâneo com os anseios nacionais de progresso, a burguesia industrial pretende falar em nome de todo o país: "eu acredito honestamente que a salvação econômica do Brasil está na industrialização. O que é bom para a industrialização é bom para o país", declarou um industrial que nada mais fez do que exprimir-se por todos. Expressão de um modo de produção de base técnica capaz de propiciar o consumo das massas, o pensamento burguês-industrial reclama para si maior autenticidade diante dos interesses da nação porque objetivamente está mais vinculado à técnica e ao progresso: "O industrial mais que o comerciante preocupa-se antes com o desenvolvimento do país do que com o de sua empresa. O comerciante muda de ramo muito facilmente, o que não acontece com o industrial, dada a própria complexidade de sua atividade, que implica muitos problemas técnicos para a conversão."

A origem pré-industrial recente dos empresários permite, em alguns casos, a definição subjetiva de uma igualdade formal com o operariado. A crença na persistência dos efeitos da origem social comum de empresários e operários ("o meio operário, disse um industrial, é o nosso meio: eles estando contentes, nós também estamos") facilita o processo de dissolução, no plano ideológico, das diferenças reais entre patrões e empregados. Com isso, torna-se subjetivamente simples o passo subsequente da ideologia dos industriais, que consiste em considerar a necessidade de construção do "futuro da nação" como único valor que deve nortear a ação de todos, independentemente dos interesses de grupos particulares. Neste ponto, os efeitos favoráveis à ação empresarial da inexistência de uma ideologia puramente burguesa atingem o limite entre a "falsa consciência" e a sagacidade de classe. Incutir no operário a consciência de que participa de um empreendimento para o bem do país e não para proveito de uma classe é um mote que se justifica moralmente na consciência individual do industrial porque ele não se representa como classe dominante. Ao mesmo tempo, permite que sua ação se desenvolva em conformidade com os mais recônditos e reais interesses da posição que ocupa no mercado, como se deles tivesse plena consciência.

Noutro plano, esta aparente inconsciência da posição de classe permite que o industrial se arrogue, como a boa consciência da nação, o direito de decidir sobre o que é bom e o que é mau para o operário *num país em desenvolvimento*. Eles apelam para um valor maior, a grandeza da nação, como critério para julgar a oportunidade de medidas como a lei de estabilidade no emprego, o 13º mês de salário etc., que são reivindicações dos assalariados. Assumem, depois, a responsabilidade de optar em nome dos interesses dos trabalhadores: objetivamente será melhor para eles (incapazes que são de distinguir entre seus interesses imediatos e futuros) participar de um mercado livre de trabalho, que garantindo a prosperidade da livre empresa garantirá a prosperidade do país, do que condenar-se eternamente à "proteção do Estado", cujo preço é o subdesenvolvimento.

Por outro lado, as ambiguidades da consciência individual dos industriais podem levá-los, como indicamos em tópicos precedentes, a não agir como homens de empresa. No plano da sociedade global, que ora nos interessa, o preço maior que os industriais pagam enquanto grupo, por esta situação, é a vassalagem a que se veem reduzidos diante dos que manipulam o aparelho estatal. Vítimas de pressões de várias ordens, os industriais atemorizam-se com a possibilidade de "transformações radicais" e, por isso, muitas vezes apoiam pontos de vista que, objetivamente, não coincidem com seus interesses de classe. Ao mesmo tempo, veem-se tolhidos em suas possibilidades de interferência direta e autônoma nas decisões estatais, e estas pesam, cada vez mais, sobre as *chances* de êxito econômico. Para obter um contrato com o governo ou uma medida que o beneficie, o industrial entra em relação de compromisso com os "políticos" e os "administradores", cedendo-lhes, a troco da influência que detêm, parte do proveito que o negócio pode proporcionar.

Paralelamente, esta situação faz com que se formem expectativas que acarretam distorções nos efeitos sociais que normalmente são esperados do processo de industrialização. A crescente expansão do mercado e, consequentemente, o aumento de poderio econômico da burguesia industrial não têm seguido, pelo menos no mesmo ritmo, a desagregação da antiga ordem político-social pré-industrial. A burguesia industrial se acomoda em larga medida à dominação tradicional. Queixa-se da política clientelística do Estado, mas exige, em troca de apoio a esta mesma política, favores, privilégios e concessões que, se fossem concedidos na medida da demanda e se não houvesse, como já mostraremos, tendências noutro sentido, tornariam as indústrias brasileiras réplicas modernas das Reais Companhias que, noutros tempos, abrigaram interesses dinásticos e interesses burgueses.

Entretanto, para melhor compreender este processo, é preciso considerar, em plano de maior concretude, a existência de setores dentro da burguesia industrial para os quais a significação do processo de desenvolvimento econômico se apresenta diversamente, conforme o rumo que a ele se imprima.

Em termos gerais pode-se dizer que há dois setores na burguesia industrial quanto aos interesses que representam e quanto à visão que têm das possibilidades de desenvolvimento econômico do país. Estes dois setores correspondem, rigorosamente, em termos típicos, ao modo pelo qual, como capitalistas, os industriais relacionam-se reciprocamente no processo econômico internacional de produção. A análise dos tópicos precedentes indicou que o "desenvolvimento econômico" no Brasil tem sido feito através da participação crescente de consórcios internacionais na produção industrial local: cada vez mais o progresso técnico e a expansão das empresas têm sido realizados pela associação de grupos de capitalistas locais com grupos internacionais, ou então através do investimento direto de grupos internacionais no Brasil. No conjunto, industriais deste tipo formam um setor importante da burguesia industrial brasileira, principalmente em São Paulo. Para estes, pelas próprias condições através das quais conseguem a expansão econômica e o lucro, industrializar o país significa fazê-lo solidário da "prosperidade ocidental" como sócio menor. O outro setor básico da burguesia industrial reúne os industriais que, tendo conseguido "fazer a América" ou tendo aplicado na indústria capitais ganhos na lavoura, transformaram-se de pequenos ou médios proprietários de fábricas em grandes industriais. Neste caso – que em geral corresponde ao de chefes de indústrias que dirigem "empresas clânicas" e se transformaram em homens de empresa – o progresso técnico e a garantia da rentabilidade crescente do capital são conseguidos através da manipulação de empréstimos e favores estatais, do trabalho árduo e da sonegação. Para estes empresários, industrializar o país significa fundamentalmente criar uma política estatal contra o subdesenvolvimento, que se baseia no apoio aos "capitalistas nacionais" para a expansão de suas empresas.

Entretanto, a divisão da burguesia industrial nestes dois setores não é nítida, nem exaustiva.

Por certo, os industriais ligados aos interesses do capitalismo internacional não deixam de pressionar o Estado para obter favores e concessões de toda sorte. Se no plano das representações que formam quanto ao desenvolvimento econômico capitalista fazem da empresa privada a mola exclusiva do progresso, concretamente lançam mão de quaisquer recursos que se apresentem para garantir a expansão das empresas. Da mesma forma, os "capitalistas nacionais" típicos não deixam de estudar propostas concretas para associar-se com grupos estrangeiros. Não obstante, em termos das crenças que os orientam e das expectativas que formam quanto ao desenvolvimento econômico, distinguem-se na avaliação do papel que deve caber ao Estado na reorganização da ordem econômica e da ordem jurídica.

É inegável que existe maior tendência para "fechar o mercado" por parte dos que se identificam como "capitalistas nacionais". Esta tendência, entretanto, não pode ser considerada simplesmente como o reflexo de uma consciência empresarial menos complexa e desenvolvida. Mais do que uma projeção sobre a prática capitalista de uma situação de "atraso cultural", ela é a forma concreta pela qual industriais sem capital suficiente e sem apoio no mercado internacional podem tentar "construir uma indústria de verdade". Tanto assim que é frequente ver líderes do grupo dos "industriais nacionais", ao se tornarem grandes capitalistas, manifestarem-se, quando falam *pela indústria* ou quando assumem o comando efetivo de grupos de interesse industrial, em termos da mais padronizada "ideologia empresarial" de estilo norte-americano: a defesa da propriedade privada, a liberdade de iniciativa, a responsabilidade social dos empregadores etc. substituem logo as crenças na necessidade de o Estado intervir para obstar a penetração dos capitais estrangeiros.

A tendência acima leva-nos a uma reflexão que possui grande interesse para a compreensão dos efeitos do desenvolvimento econômico sobre as formas de participação social dos industriais na vida política brasileira. Na medida em que o próprio crescimento industrial tem-se verificado em moldes que forçam as alianças de grupos industriais brasileiros com grupos internacionais, cada vez mais as diferenças ideológicas entre grupos de indústrias tenderão a desaparecer em nome da condição comum de *capitalistas*. Evidentemente, existem oposições reais, muitas vezes flagrantes, entre grupos de interesse no seio da burguesia industrial. Porém, a definição de posições a partir destas situações particulares de interesse tem peso cada vez menor quando cotejada com as representações que são comuns a todos como e enquanto capitalistas.

As últimas tomadas de posição de líderes industriais indicam claramente esta redefinição de tendências. Se no conjunto, como vimos, a camada industrial é heterogênea e pouco socializada para o desempenho dos papéis que lhe cabem, entre os *homens de empresa*, que também no plano ideológico representam as posições mais nítidas e diferenciadas, o peso negativo para a definição clara de alvos e interesses de classe não só diminui rapidamente como começa a formar-se um denominador comum. "Propriedade, democracia, prosperidade" é o refrão de todos. A análise do significado desta crença que vê como fatos solidários a ordem jurídica, a vida política e o desenvolvimento econômico indica claramente uma reformulação ideológica por parte da burguesia industrial, pelo menos na medida em que os líderes podem exprimir e impor os sentimentos que devem coincidir com os interesses no conjunto dos industriais.

O temor de que a intervenção do Estado, mesmo que favoreça eventualmente um outro grupo econômico (como recentemente com a indústria farmacêutica), possa minar a crença de todos na inviolabilidade do princípio da propriedade faz com que (sem que os industriais abdiquem da ação estatal em seu proveito, pois na situação brasileira qualquer empreendimento de certo vulto depende efetivamente do amparo do Estado) as referências ao intervencionismo venham cercadas de reticências e condicionais. Disse em discurso recente um dirigente da indústria paulista:

> O que cumpre, neste instante, é tão só e exclusivamente, como já se faz para o campo do trabalho, cercar de garantias jurídicas a nossa vida econômica, limitando-se a intervenção do Estado ao estritamente complementar e dando-se real incentivo à iniciativa privada, para que daí advenha, com o nosso melhor esforço e toda a nossa devoção pelo bem-estar social, um Brasil mais próspero, mais humano e mais feliz.

Ao mesmo tempo, inicia-se uma política de afirmação agressiva do capitalismo e da democracia contra as tendências estatizantes e socializantes que os industriais atribuem aos políticos de tipo populista: "Precisamos e vamos nos empenhar para esclarecer a nossa gente que só a ordem democrática pode assegurar-lhe a liberdade econômica, tanto no plano individual como no social." E se aceita o "grande desafio": a pedra de toque das virtudes de um regime político é a capacidade que ele possui para dinamizar a prosperidade. Não há, entretanto, que temer o confronto entre democracia e totalitarismo, pois "as necessidades do desenvolvimento econômico podem ser melhor satisfeitas na estrutura democrática do que na do totalitarismo".

A "nova ideologia" dos empresários está, portanto, bem distante da atitude tradicional de não participação e de apreensão estática das relações entre economia e política. Problemas como o do Nordeste, por exemplo, no depoimento de quase todos os empresários que foram entrevistados, são focalizados em suas implicações econômicas e políticas: "não basta a *minha prosperidade*, é preciso que exista a prosperidade de um maior número de pessoas para que se assegure a minha prosperidade."

Mais significativa ainda do que a redefinição das crenças dos industriais é a reorganização da forma de ação a que se propõem os líderes da indústria e que corresponde a um novo estilo de autoconsciência. A ação política dos empresários passa a ser *racional*: a definição clara de objetivos e a escolha dos meios adequados para atingi-los começam a esboçar-se como a forma típica de comportamento político dos empreendedores autênticos. Assim, por exemplo, as tendências tradicionais de suborno dos políticos e de pressões para obtenção de favores para uma empresa substituem-se entre os grupos de industriais mais ativos que se orientam pela "nova ideologia" pela tendência para a eleição direta de industriais para postos eletivos e pela tendência para a organização de grupos de pressão formalmente organizados: "Concordamos plenamente em que as classes produtoras participem de forma ativa e decisiva na vida política do país, quer elegendo seus representantes para os diversos órgãos do governo federal e estadual, quer através de campanhas de esclarecimento da opinião pública", escreveu um empresário. Em vez de pedir e conceder, os industriais começam a perceber que podem *impor* graças à força de que dispõem. Têm, além disso, o cuidado de evitar que as imposições apareçam como tal. A ideia dos interesses nacionais, redefinida, reaparece como o modo pelo qual os industriais exprimem, dissimulando-os, os interesses de classe. Disse outro industrial:

As classes produtoras, no meu entender, como parte das elites de uma nação, podem e devem participar ativa e declaradamente da vida política do país. Esta participação deve ser a do permanente esclarecimento da opinião pública para as virtudes do nosso sistema de vida. O nosso papel é o de demonstrar ao povo que a democracia oferece, além de garantia da liberdade, as soluções para todos os nossos magnos problemas. Que, se levados os conceitos da democracia política para o campo do econômico e para o campo do social, descobriremos que o caminho do progresso é também o caminho da justiça social.

A persistência e subsequente generalização destas tendências, que por enquanto encontram expressão apenas em grupos restritos de industriais, poderão permitir a mobilização dos recursos materiais de que a burguesia industrial já dispõe e a dinamização das aspirações e motivações dos industriais no sentido de transformarem-se *de jure* em camada política dominante. Entretanto, qualquer prognóstico sobre o futuro da sociedade de classes no Brasil só pode ser feito, concretamente, com a análise simultânea das transformações paralelas por que passam as massas urbanas, especialmente as camadas trabalhadoras e as massas rurais.

POLÍTICA E SOCIEDADE

A burguesia industrial tem desenvolvido, mais do que uma *política*, uma *estratégia* para responder aos desafios que o desenvolvimento e a formação da sociedade de massas colocam. As análises que fizemos deixam transparecer claramente como os industriais se sentem subjetivamente acuados e como, objetivamente, antes reagem, acomodando-se, do que conduzem o processo político. Eles apenas começam a perceber que seus interesses de classe, para se realizar, precisam transformar-se nos interesses de toda a sociedade e que, por isto mesmo, a burguesia industrial precisa ter um projeto de dominação política.

Até que ponto será possível fazer coincidir este propósito com a situação em que se insere a burguesia industrial brasileira numa sociedade subdesenvolvida e de massas?

Os dois condicionantes da situação da burguesia brasileira, o subdesenvolvimento e a sociedade de massas em formação, afetam e limitam as possibilidades da "hegemonia burguesa", em sentido preciso. Em primeiro lugar, como as análises feitas indicam, o grande impulso de desenvolvimento partiu de fora do grupo empresarial e foi sustentado por capitais estrangeiros e pela participação direta do Estado na economia. O setor privado da economia nacional ficou, dessa forma, obrigado a uma dura opção: apoiar os movimentos populares que pressionavam no sentido da estatização dos setores básicos da economia ou associar-se aos capitais estrangeiros para tentar o desenvolvimento nos moldes clássicos. A primeira alternativa implicava o risco da perda de controle da situação e implicava que se aceitasse desde o início o caráter supletivo da iniciativa privada. A segunda alternativa permitiria que os valores básicos do "mundo ocidental cristão" se generalizassem, e com eles a penetração maciça dos monopólios internacionais. Em qualquer dos casos, havia o risco da perda da hegemonia política.

Seria possível, abstratamente, pensar que a verdadeira opção poderia ser colocada noutro plano: de que maneira obter-se-ia o desenvolvimento econômico mais rápido, completo e autônomo? Entretanto, não é em termos gerais do "bem da nação" que, concretamente, uma camada social particular decide: seus interesses "decidem" por ela. Ora, o dilema é realmente este. Para que o desenvolvimento tenha curso regular e efetivo é preciso uma política de investimento e coordenação de esforços que supõe, de fato, a aceitação de critérios de essencialidade econômica que não coincidem com os de lucratividade alta e rápida, e estes últimos objetivos, como vimos, são a mola dos investimentos privados num país subdesenvolvido. Para mantê-los, a burguesia industrial apoiou a única política cabível, que era a de atrair capitais estrangeiros para setores que, mesmo sem ser *de base*, davam um impulso imediato ao mercado e supriam, com custos altos, a falta de esforço da economia nacional. Paga-se hoje o preço da aventura. A ineficiência, a ausência de programação, a ousadia dos projetos que não visavam a desenvolver a base industrial apareceram tão logo os programas de investimentos estrangeiros chegaram ao fim. Por certo, seria possível evitar que "chegassem ao fim", criando-se novos projetos industriais. Neste ponto as contradições em que se emaranha a burguesia nacional reaparecem: novos projetos de investimentos estrangeiros dependem de duas variáveis não controláveis pela burguesia industrial: a disposição e o interesse dos grupos estrangeiros e o "clima político" do país. Ora, se os grupos dominantes aceitam e propagam uma política de "atração de capitais", outros setores da sociedade são contrários a esta orientação. Não havendo condições político-sociais, como logo se verá, para a imposição de um ponto de vista único, as resoluções legislativas e executivas trançam linhas econômicas ao sabor das injunções dominantes no momento. Se, em geral, há uma diretriz dominante, que coincide com os interesses dos grupos capitalistas, nem sempre estes grupos exprimem o interesse dos industriais, e, algumas vezes, mesmo grupos não ligados à propriedade conseguem fazer sentir nas decisões governamentais o peso de seus interesses. A lei de remessas de lucros, por exemplo, por mais abrandada que tenha resultado, pode coincidir com os interesses de alguns grupos industriais, com os desejos de pressão e controle dos sindicatos de empregados, com os desígnios de parte das forças armadas e de grupos intelectuais, mas dificultou, pelo menos temporariamente, novos investimentos.

A alternativa dos investimentos estatais, por outro lado, encontra resistências crescentes entre os grupos industriais que preferem entrar diretamente no processo produtivo, mesmo quando não têm os meios para isto, como exemplifica a usina siderúrgica da Cosipa. Resulta que, em conjunturas ocasionais, pode ocorrer, como recentemente, que a política da burguesia industrial seja contrária a seus interesses objetivos: no momento em que se paralisam os investimentos estrangeiros, a burguesia deixa de apoiar investimentos estatais temendo reforçar "o povo" e prega austeridade monetária. Veem-se, assim, políticos burgueses da maior habilidade enroscarem-se em suas próprias artimanhas, como ocorreu na gestão Santiago Dantas. As dificuldades da definição de uma política coerente com os interesses próprios exprime, no fundo, a incoerência dos próprios interesses da burguesia industrial: para desenvolver de fato a economia nacional ela precisa apelar para a interferência de grupos que lhe são estranhos, que nem sempre têm interesse em desenvolver a economia do país em termos que permitam sua hegemonia.

O segundo grande condicionante da ação política da burguesia diz respeito ao processo de dominação política numa sociedade em que a industrialização se faz através do "consumo amplo". Nestas condições a participação do "povo" na vida nacional tende a ser grande. Entretanto, dado que nunca chegou a completar-se no Brasil o que se poderia chamar de "revolução burguesa", o ritmo de transformação das instituições políticas e de participação das "forças populares" nas decisões políticas é lento e instável: ora as pressões populares crescem, assustando as forças dominantes, ora os mecanismos de preservação da antiga estrutura patrimonialista desenvolvem amplas "acomodações" que resultam no amortecimento das reivindicações populares sem alterações reais na situação de fato. Se o equilíbrio precário que assim se alcança pode ter virtudes para as antigas camadas dominantes, ele resulta danoso tanto para as camadas populares como, em menor grau, para a burguesia industrial: nenhuma medida política ou de política econômica mais audaciosa pode ser tomada sem provocar a reação imobilista imediata, como as tentativas de reforma agrária exemplificam.

Novamente a burguesia industrial fica entre dois fogos: não sabe se apoia com decisão e energia as massas populares – que se exprimem pelas organizações sindicais, pelos grupos nacionalistas ou através de frações políticas mais radicais – ou se deve aliar-se ao "partido da ordem". Na primeira hipótese, teme a "revolução"; na segunda, o "imobilismo". Por isso, a ideologia burguesa reflete sempre o temor do povo, transfigurado em "proletariado revolucionário". Mesmo quando, objetivamente, não há uma situação revolucionária, a burguesia industrial teme a "revolução iminente". Em função desta crença rejeita muitas vezes medidas e políticas que objetivamente são favoráveis à industrialização. As opiniões contrárias à Sudene, por exemplo, revelam a insensatez de classe: os grupos industriais que combatem a Sudene fazem o jogo dos grupos dominantes tradicionais e rejeitam uma política que exprime os "interesses reais" da burguesia industrial. O delírio direitista a que se entregam alguns grupos industriais, da mesma forma, espelha a política de avestruz que orienta parte da burguesia industrial: por temor da revolução, eles abdicam a política de reformas, deixando de lado os projetos de hegemonia política para apoiar a estratégia de reação dos grupos dominantes tradicionais.

Estas incertezas exprimem as dificuldades e contradições que condicionam objetivamente a prática política da burguesia nacional. A cada ousadia proposta corresponde uma reação imobilista dos grupos tradicionais e uma política mais agressiva dos grupos que pretendem representar as massas, o que aumenta as dúvidas mesmo entre os líderes industriais que desejam transformar rapidamente o país. As classes médias tradicionais, os grandes proprietários rurais pré-capitalistas, os grandes comerciantes e exportadores, os banqueiros ligados a estas forças e, sobretudo, os segmentos destes grupos mais diretamente vinculados aos interesses (econômicos ou políticos) estrangeiros exercem até hoje influência decisiva sobre o aparelho estatal. A "dominação burguesa", no Brasil, realiza-se através de uma sociedade por cotas de participação. Como, além disso, as massas populares têm também ações preferenciais e não percebem que nesta esdrúxula associação deveriam participar sem decidir, ultrapassam a cada instante, ou ameaçam ultrapassar, as regras do jogo. Por isso a política brasileira descreve um movimento pendular que vai do imobilismo ao reformismo, e as "grandes soluções" vão dos golpes e contragolpes ao populismo esclarecido. Cada vez que as pressões inovadoras aumentam, exprimindo uma ruptura no equilíbrio tradicional, o bonapartismo aparece como a solução. Mas, como os dois polos políticos temem o "sentido" do bonapartismo (golpe ou contragolpe?), volta-se a um novo imobilismo, que em geral se exprime, na política partidária, pela aliança entre o PSD e o PTB, isto é, entre o "novo Brasil" que se dispõe ao compromisso e o velho Brasil que sabe que o compromisso é sua forma de ser. Nestes momentos a prática política da burguesia nacional transforma-se numa política prática sem grandezas.

As possibilidades de manutenção do movimento pendular na política brasileira não são, todavia, ilimitadas. As últimas "crises institucionais" – queda de Jânio, parlamentarismo – exprimem, no fundo, a incapacidade das classes médias tradicionais e dos grandes proprietários "pré-industriais" de manterem o controle do Poder sem o concurso mais direto do que se convencionou chamar o "novo Brasil", isto é, dos representantes da economia urbana e industrializada. Estes, por sua vez, temem os riscos de provocar mudanças consideráveis no aparelho estatal e na estrutura econômica tradicional. Assim, com a atitude tímida motivada pelo medo de realizar alianças com as massas urbanas, favorecem o arremedo de controle que as cúpulas dos partidos políticos, representantes dos interesses tradicionais, pretendem exercer sobre o Estado e a nação. Abre-se, pois, certa margem para que o comportamento político dos grupos dominados possa tentar exprimir-se com algum êxito. Como o processo de substituição de uma camada dominante por outra não é automático e não se dá sem fricções, formam-se fissuras no mecanismo de dominação político-social que poderão ser alargadas. Às vacilações que a situação impõe à burguesia urbano-industrial pode corresponder a ousadia das massas se elas se negarem a "desempenhar o seu papel" no jogo tradicional de compromisso e acomodação.

Por todos estes motivos, quanto mais tempo perdurar a situação em que a burguesia industrial se vê na contingência de defender uma estratégia política que não coincide com seus puros interesses de classe, maiores serão seus temores de saltar o Rubicão.

A situação peculiar da burguesia industrial na sociedade de massas em formação e a situação em que se encontra no processo de industrialização fazem-na temerosa e incapaz de romper os vínculos com a situação de interesses tradicionalmente constituídos, isto é, com os grupos estrangeiros, com os grandes proprietários e com os comerciantes e banqueiros, a eles ligados. Não assumindo as responsabilidades políticas de classe economicamente dominante, a burguesia industrial torna-se em parte instrumento da dominação política dos grupos tradicionais. Com isso, cria, quiçá, a possibilidade que mais teme: de perder as *chances* históricas de exercício pleno da dominação de classe.

NOTA

1. Ver Cardoso, 1962, sobre a situação do proletariado brasileiro. Quanto aos salários dos operários, ver Rodrigues, 1961. Note-se que a tendência à melhoria dos salários reais decresceu de intensidade e estagnou nos dois últimos anos, conforme dados dos boletins do Dieese. Se esta tendência persistir, é provável que a classe operária reaja em defesa do nível de vida e dos novos hábitos de consumo que adquiriu. Neste caso, obviamente, a política sindical será mais agressiva e a estratégia patronal tenderá a concentrar-se sobre a necessidade da "defesa da autoridade", para reprimir greves e protestos.

Conclusão

A forma de exposição que adotamos levou-nos a resumir no fim de cada capítulo os principais resultados da análise. Convém, todavia, ressaltar alguns pontos básicos e encadeá-los num todo coerente. A ideia fundamental de que partimos, no capítulo 1, levou-nos a insistir ao mesmo tempo nas mudanças na forma de realização do lucro e de gestão das empresas no capitalismo contemporâneo e na permanência do modo capitalista de produção. Poderia parecer dispensável a alguns a reafirmação destas ideias: desde meados do século XIX o impulso crescente das sociedades anônimas levou os principais teóricos que analisaram o regime capitalista a considerar os efeitos "socializadores" do capital por ações. Assim, como consequência da criação das sociedades anônimas, em razão da expansão do crédito, Marx antevia três implicações que estão muito próximas das descobertas atrasadas dos apologistas modernos do "capitalismo renovado":

1. Extensão em proporções enormes da escala da produção e das empresas inacessíveis aos capitais individuais. Ao mesmo tempo, convertem-se em empresas sociais algumas empresas que antes eram regidas pelo governo;
2. O capital, que se baseia em si mesmo sobre um regime social de produção e pressupõe uma concentração social de meios de produção e forças de trabalho, adquire assim diretamente a forma de capital da sociedade (capital de indivíduos diretamente associados) em oposição ao capital privado, e suas empresas aparecem como empresas sociais, por oposição às empresas privadas. É a supera-

ção do capital como propriedade privada dentro dos limites do próprio regime capitalista de produção;
3. Transformação do capitalista realmente ativo em um simples gerente, administrador do capital alheio, e dos proprietários de capital em simples proprietários, em simples capitalistas do dinheiro.[1]

Entretanto, a extrapolação destas modificações para o campo político e para a análise de modificações na *natureza* do sistema tem sido tão generalizada na moderna literatura econômica e sociológica que nos pareceu conveniente repisá-las e limitá-las em suas proporções. Com efeito, se a remuneração da propriedade do capital torna-se distinta da função que o capital desempenha realmente no processo produtivo através do trabalho dos que empreendem ou executam, esta modificação leva apenas às últimas consequências a contradição entre o trabalho e o capital:

> Nas sociedades anônimas, a função aparece separada da propriedade do capital e o trabalho aparece também, portanto, completamente separado da propriedade sobre os meios de produção e sobre o trabalho excedente. Este resultado do desenvolvimento máximo da produção capitalista constitui uma fase necessária de transição para a reversão do capital à propriedade dos produtores, porém já não mais como propriedade privada de produtores isolados, mas como propriedade direta da sociedade. E é, de outro lado, uma fase de transição para a transformação de todas as funções do processo de reprodução até agora ainda relacionadas com a propriedade do capital em simples funções dos produtores associados, em funções sociais.[2]

Daí se infere a conclusão necessária quanto à natureza do capitalismo da época das sociedades anônimas, que, permitam-me citar ainda uma vez Marx, permanece capitalista *tout court*:

> O sistema das ações já carrega consigo a antítese da forma tradicional em que os meios sociais de produção aparecem como propriedade individual; mas, ao revestir a forma de ação, permanecem limitados dentro do marco capitalista; por conseguinte, este sistema, em vez de superar

o antagonismo entre o caráter da riqueza como riqueza social e como riqueza privada, limita-se a imprimir-lhe nova forma.[3]

Para os fins do presente trabalho, entretanto, era fundamental levar em conta as modificações ocorridas na forma atual de exteriorização do sistema capitalista e verificar em que medida elas alteraram as práticas empresariais. Por isso, deixamos de pôr ênfase no modo capitalista de produção, isto é, na exploração da mais-valia relativa pela introdução de melhorias técnicas constantes que permitem ampliar a exploração da força de trabalho em benefício dos proprietários dos meios de produção, para considerar as condições de manutenção e intensificação do lucro. De fato, para os empreendedores modernos – tanto em sua consciência quanto em sua prática concreta –, o problema que se coloca não é diretamente o da produção, esfera em que se extrai a mais-valia, mas o da apropriação desta mais-valia sob a forma de lucro realizável no mercado. Por certo a condição de capitalismo industrial define a forma de extração da mais-valia – um problema técnico que se desliga da prática empresarial –, mas o tipo de relação entre o capital industrial e o capital financeiro traz para primeiro plano as condições do mercado e dos investimentos, bem como as possibilidades de controlá-las. São estas modificações que servem de base para a imagem do empreendedor moderno que tende a orientar sua ação em função da sociedade global e não apenas da empresa. Os limites deste cometimento e suas contradições foram também salientados no texto e se concretizaram nos capítulos subsequentes em que tratamos dos empreendedores brasileiros. De qualquer forma, o movimento "na direção da totalidade" é apenas aparente: é o lucro da empresa que se procura através do controle da sociedade global.

No capítulo 2 demonstramos que a perspectiva de interpretação do desenvolvimento industrial capitalista de um país subdesenvolvido não pode basear-se em análises abstratas. Não se chega a compreender o desenvolvimento econômico quando se omitem as condições políticas e sociais do desenvolvimento, e não basta referirmo-nos a elas como se fossem "perspectivas complementares" ou fatores que se somam. Na medida em que o desenvolvimento é um processo social, os movimentos sociais, enquanto "fatos sociais totais", constituem o ponto de interseção a partir do qual se desvenda a natureza e o sentido do processo de desenvolvimento. Por isto mesmo, a construção de modelos abstratos de desenvolvimento é tão insuficiente para a explicação das mudanças estruturais que possibilitam o desenvolvimento quanto o é a transferência pura e simples para os países subdesenvolvidos do esquema de crescimento do capitalismo nas nações onde ele se originou. A alternativa consiste em relacionar concretamente os países subdesenvolvidos com as nações industriais e verificar como o "desenvolvimento econômico" é o resultado de um movimento social que afeta a estrutura de dominação internacional.

Deste ângulo, a "marcha para o desenvolvimento" transcende o projeto de expansão das burguesias nacionais em formação. Se o empreendedor industrial não é o demiurgo do real, também a burguesia, como classe, não é necessariamente, num país subdesenvolvido, a mola do desenvolvimento. No Brasil, a passagem da economia agrário-exportadora para uma economia em vias de industrialização verificou-se em dois momentos. No primeiro momento as pressões desenvolvimentistas surgiram fora do setor privado da economia, como uma aspiração política de emancipação econômica. No segundo momento, a burguesia industrial, associada a grupos econômicos estrangeiros, passou a tentar dirigir o processo de desenvolvimento em benefício do setor privado de produção. As condições concretas de inserção na estrutura social das camadas, que impulsionaram inicialmente o desenvolvimento, limitaram as possibilidades de controle do sentido que ele iria assumir. Da mesma forma, as condições peculiares da burguesia nacional – ligada ao capitalismo internacional e bloqueada pela estrutura tradicional de dominação local que nunca chegou a romper – acabaram por tornar o processo de desenvolvimento repleto de pontos de estrangulamento, e a dominação política da burguesia industrial incompleta e contraditória.

Estabelecidos os marcos estruturais que dão sentido à ação empresarial, passamos a discutir nos capítulos 3 e 4 as práticas empresariais e a mentalidade dos industriais. Sem incorrer no risco de atribuir às virtudes dos empreendedores o processo de desenvolvimento, foi possível, ao mesmo tempo, não minimizar a capacidade de modernização do grupo empresarial e a importância da redefinição das práticas e da mentalidade dos empreendedores para garantir o prosseguimento do progresso econômico. Ainda uma vez não construímos nestes capítulos modelos de ação racional. Procuramos, ao contrário, circunscrever as formas de comportamento empresarial, em termos das situações particulares que os industriais enfrentam. Partindo da ideia de que a garantia do lucro é o limite de validade da ação empresarial capitalista, procuramos verificar em que medida a introdução de melhorias técnicas e a difusão de práticas racionais de gestão empresarial tinham sentido para o êxito empresarial. Mostramos como a passagem do "irracional" para o "racional" fez-se concretamente na situação brasileira através de tipos de ação empresarial cujo sentido é definido pela "situação do mercado", que reflete, por sua vez, um padrão societário. Neste campo, qualquer extrapolação de análises típicas do capitalismo altamente desenvolvida acabaria por esvaziar o conteúdo concreto da ação econômica e levaria a interpretação a um beco sem saída: ou se consideraria incompreensível a persistência de práticas tradicionais ou se concluiria que a economia brasileira não se "modernizou". Entretanto, a modernização da economia brasileira fez-se exatamente pelo aproveitamento e pela redefinição paulatina de formas tradicionais de comportamento econômico, passadas no crivo das aspirações coletivas modernizadoras.

Na análise da mentalidade dos empresários, da mesma maneira, circunscrevemos os tipos de industriais às condições do mercado e da produção. Donos de indústrias, capitães de indústria e homens de empresa foram as categorias típicas que, em conexão com as categorias que exprimem o "mercado de concorrência imperfeita", "mercado com tendências monopolísticas" e dualidade típica entre estas duas formas de mercado, permitiram-nos apreender as várias modalidades de mentalidade e ação empresarial. Os atributos particulares do comportamento dos industriais, como, por exemplo, a valorização do trabalho árduo ou o gosto da aventura, tiveram suas funções redefinidas em cada "momento" da constituição do mercado capitalista. O que pode ter sido positivo para o desenvolvimento econômico numa fase passou a ser negativo na fase subsequente. Portanto, não foram os atributos particulares de um tipo de mentalidade que, em si mesmos, deram origem e sentido ao êxito empresarial. Ao contrário, tornaram-se favoráveis ou desfavoráveis conforme a situação em que se inseriam, e esta "situação" transcende o nível da empresa. Mesmo assim, a capacidade de "redefinição" da orientação dos empresários, depois de alterada uma dada conjuntura, torna-se essencial para o êxito de cada empresa. Por isso, não cabe tratar os atributos concretos dos empreendedores como "simples epifenômenos": o problema está em mostrar como eles se ligam a uma situação total que lhes dá sentido, sem, ao mesmo tempo, relegá-los ao plano de "meras aparências". A criação das "novas condições do mercado", processo que transcendeu a ação empresarial, foi fundamental para explicar a transformação da mentalidade empresarial, mas a análise complementou-se pela discussão das características concretas da mentalidade empresarial que permitiram a integração das inovações na prática industrial efetiva. A "mentalidade empresarial" ora apareceu no Brasil como uma *resposta* a situações criadas por outros grupos sociais que não os empresários, ora como condição para um *projeto* de criação de novas situações a partir dos interesses da burguesia industrial. O peso relativo da "mentalidade empreendedora" no processo de desenvolvimento variou conforme a burguesia industrial, enquanto classe, *reagiu* às pressões partidas de outros grupos sociais, ou tentou, como no presente, desenvolver uma política capaz de imprimir ao rumo do desenvolvimento social uma direção compatível com seus interesses.

No capítulo final vimos as inconsistências do projeto de hegemonia política da burguesia industrial. Ilhada entre as motivações e interesses de tipo tradicional que a prendem por um lado ao latifúndio e à concepção tradicional de existência e, por outro lado, ao capitalismo internacional ao qual se associou para crescer economicamente, a burguesia industrial se vê na contingência de realizar uma política à beira do abismo: ora reage contra o imobilismo a que os grupos tradicionais querem limitar a política e a economia do país, ora reage contra as pressões urbanas e populares que tendem a quebrar a rotina. Hesita não porque não se dá conta de seus interesses reais, mas porque estes interesses são contraditórios. Para afirmar-se como classe politicamente dominante e para se expandir economicamente, a burguesia industrial é forçada a apoiar reformas e medidas que contrariam os grupos de dominação tradicional, mas, em seguida, neste mesmo movimento de modernização, vê-se embaraçada com os únicos aliados com que pode contar nas situações-limite:

as forças urbanas e populares. Para assegurar a expansão econômica e tentar o controle político do momento arrisca-se a perder a hegemonia no futuro. Por isso, volta-se imediatamente depois de qualquer passo adiante contra seus próprios interesses, recuando um pouco no presente para não perder tudo no futuro.

As possibilidades de manutenção deste malabarismo não são contudo ilimitadas. Estreita-se a cada dia a faixa de compromissos possíveis. As decisões fundamentais não dependerão apenas da burguesia industrial que, parece, optou pela "ordem", isto é, por abdicar de uma vez por todas de tentar a hegemonia plena da sociedade, satisfeita já com a condição de sócia menor do capitalismo ocidental e de guarda avançada da agricultura que muito lentamente se capitaliza. Resta verificar qual será a reação das massas urbanas e dos grupos populares e qual será a capacidade de organização e decisão de que serão capazes para levar mais adiante a modernização política e o processo de desenvolvimento econômico do país. No limite a pergunta será então: subcapitalismo ou socialismo?

NOTAS

1. Marx, *El capital*, t.III, v. I, p. 516.
2. Marx, *El capital*, t.III, v. I, p. 517.
3. Marx, *El capital*, t.III, v. I, p. 520.

Referências bibliográficas

Aron, Raymond. *Sociologie des sociétés industrielles*. Paris: Centre de Documentation Universitaire, 1962.

Baran, Paul A. (1956). *A economia política do desenvolvimento econômico*. Trad. de S. Ferreira da Cunha. Rio de Janeiro: Zahar Editores, 1960.

_____. "Monopoly Capital: Two Chapters on the American Economic and Social Order". *Monthly Review*, Nova York: jul.-ago. 1962.

Bendix, Reinhard. *Work and Authority in Industry: Ideologies of Management in the Course of Industrialization*. Nova York: John Willey & Sons, 1956.

Berle Júnior, Adolph A. *Power without Property: A New Development in American Political Economy*. Nova York: Harcourt, Brace and Company, 1959.

_____; Gardiner, C. Means. *The Modern Corporation and Private Property*. Nova York: Macmillan, 1931.

Cardoso, Fernando Henrique. "As condições sociais da industrialização de São Paulo". *Revista Brasiliense*, São Paulo, n. 28, 1960.

_____. "Condições e fatores sociais da industrialização de São Paulo". *Revista Brasileira de Estudos Políticos*, Belo Horizonte, n. 11, 1961.

_____. "Le prolétariat brésilien: situation et comportement social". *Sociologie du Travail*, Paris, ano III, n. 4, 1961.

CEPAL. *Problemas y perspectivas del desarrollo industrial latinoamericano*. Mar del Plata: E/CN. 12/664, 1963.

Dahrendorf, Ralph. *Class and Class Conflict in Industrial Society*. Londres: Routledge and Kegan Paul, 1959.

Dobb, Maurice. (1946). *Study in the Development of Capitalism*. Londres: Routledge and Kegan Paul, 1954.

_____. "Transformations réelles et apparentes du capitalisme". *Les Temps Modernes*, Paris, n. 187, p. 713-722, 1961.

Drucker, Peter. *The New Society*. Nova York: Harper, 1949.

_____. *Landmarks of Tomorrow*. Nova York: Harper, 1959.

Fernandes, Florestan. *A sociologia numa era de revolução social*. São Paulo: Companhia Editora Nacional, 1963.

Furtado, Celso. *Perspectivas da economia brasileira*. Rio de Janeiro: Ministério da Educação e Cultura (Iseb), 1958.

_____. *Formação econômica do Brasil*. Rio de Janeiro: Fundo de Cultura, 1959.

_____. *Desenvolvimento e subdesenvolvimento*. Rio de Janeiro: Fundo de Cultura, 1961.

_____. *A pré-revolução brasileira*. Rio de Janeiro: Fundo de Cultura, 1962.

Galbraith, John K. *The Affluent Society*. Londres: Hamish Hamilton, 1958.

_____. *Capitalismo*. (1929). Trad. de Moacyr Padilha. Rio de Janeiro: Zahar, 1960.

Gillman, Joseph M. "Capitalisme et état du bien-être". *Les Temps Modernes*, Paris, n. 187, p. 696-712, 1961.

Harbison, F.; Myers, C. A. *Management in the Industrial World: An International Analysis*. Nova York: MacGraw-Hill, 1959.

Hirschman, Albert O. (1958). *Estratégia do desenvolvimento econômico*. Trad. de Laura Schlaepfer. Rio de Janeiro: Fundo de Cultura, 1961.

Hoselitz, Bert F. *Sociological Aspects of Economic Growth*. Illinois: The Free Press of Glencoe, 1960.

Jaguaribe, Hélio. *Desenvolvimento econômico e desenvolvimento político*. Rio de Janeiro: Fundo de Cultura, 1962.

Kerr, Clark; Dunlop, J. T.; Harbison, F. H.; Myers, C.A. *Industrialism and Industrial Man: The Problems of Labor and Management in Economic Growth*. Londres: Heinemann, 1962.

Keynes, John Maynard. *The General Theory of Employment, Interest, and Money*. Nova York: Harcourt, 1935.

Lerner, Abba. *The Economics of Control: Principles of Welfare Economics*. Nova York: Macmillan, 1944.

Mannheim, Karl. *Libertad y planificación social*. Trad. de Rubens Landa. México: Fondo de Cultura Económica, 1942.

Marx, Karl. *El capital: Crítica de la economía política*. Trad. de Wenceslao Roces. México: Fondo de Cultura Económica, 1946.

Mills, C. Wright. (1956). *A elite do poder*. Trad. de Waltensir Dutra. Rio de Janeiro: Zahar, 1962.

Paim, Gilberto. *Industrialização e economia natural*. Rio de Janeiro: Ministério da Educação e Cultura (Iseb), 1957.

Parsons, Talcott. *The Social System*. Londres: Tavistock, 1952.

Perroux, François. *L'économie des jeunes nations: Industrialisation et groupements de nations*. Paris: Presses Universitaires de France, 1962.

Prado Jr., Caio. *Revista Brasiliense*. São Paulo, s.d.

Rangel, Inácio. *Dualidade básica da economia brasileira*. Rio de Janeiro: Ministério da Educação e Cultura (Iseb), 1957.

_____. *Introdução ao estudo do desenvolvimento econômico brasileiro*. Bahia: Livraria Progresso, 1957.

_____. "A dinâmica da dualidade brasileira". *Revista Brasileira de Ciências Sociais*, Belo Horizonte, v. II, n. 2, 1962.

Rodrigues, Albertino. "Situação econômico-social da classe trabalhadora". *Revista de Estudos Socioeconômicos*, São Paulo, ano I, n. 1, p. 17-27, 1961.

Rostow, W. W. *The Process of Economics Growth*. Londres: Oxford, 1953.

_____. (1959). *Etapas do desenvolvimento econômico (um manifesto não comunista)*. Trad. de Octávio Alves Velho, rev. de Cássio Fonseca. Rio de Janeiro: Zahar, 1961.

Schumpeter, Joseph, A. (1942). *Capitalismo, socialismo y democracia*. Trad. de José Diaz Correia. México: Aguilar, 1952.

_____. (1911, rev. 1926). *Teoria do desenvolvimento econômico*. Trad. de Laura Schlaepfer. Rio de Janeiro: Fundo de Cultura, 1961.

Sodré, Nelson Werneck. *Formação histórica do Brasil*. São Paulo: Brasiliense, 1962.

Sombart, Werner. (1902). *El apogeo del capitalismo*. Trad. de José Urbano Guerrero. México: Fondo de Cultura Económica, 1946.

_____. (1913). *El burgués*. Trad. de Victor Bernardo. Buenos Aires: Oresme, 1953.

Strachey, John. (1956). *El capitalismo contemporáneo*. Trad. de Francisco Gonzales Aramburo. México: Fondo de Cultura Económica, 1960.

Sweezy, Paul M. (1953). *The Present as History: Essays and Reviews of Capitalism and Socialism*. Nova York: Monthly Review Press, 1962.

Touraine, Alain. "Industrie et bureaucratie". In: Friedmann, Georges; Naville, Pierre (orgs.). *Traité de Sociologie du Travail*, t. I. Paris: Armand Colin, 1961, p. 407-427.

_____. "Sociologie du développement". *Sociologie du Travail*, Paris, p. 156-174, abr.--jun. 1963.

Trentin, Bruno. *Ideologie del neocapitalismo*. Roma: Riuniti, 1962.

Weber, Max. *The Protestant Ethic and the Spirit of Capitalism*. Trad. de Talcott Parsons; George Allen. Londres: Unwin, 1930.

Weffort, Francisco Corrêa. "Política de massas", 1963. Mimeografado.

*O texto deste livro foi composto em
Classical Garamond BT, em corpo 11/15*

*A impressão se deu sobre papel off-white
pelo Sistema Cameron da Divisão Gráfica
da Distribuidora Record.*